譚銳　鄭永年

著

U0106928

中國經濟發展模式研究

從歷史和世界的維度

商務印書館

責任編輯：楊賀其

排　　版：周　榮

印　　務：龍寶祺

中國經濟發展模式研究 —— 從歷史和世界的維度

作　　者：譚　銳　鄭永年

出　　版：商務印書館 (香港) 有限公司

　　　　　香港筲箕灣耀興道 3 號東滙廣場 8 樓

　　　　　http://www.commercialpress.com.hk

發　　行：香港聯合書刊物流有限公司

　　　　　香港新界荃灣德士古道 220-248 號荃灣工業中心 16 樓

印　　刷：嘉昱有限公司

　　　　　香港九龍新蒲崗大有街 26-28 號天虹大廈 7 字樓

版　　次：2024 年 3 月第 1 版第 1 次印刷

　　　　　© 2024 商務印書館 (香港) 有限公司

　　　　　ISBN 978 962 07 6723 4

　　　　　Printed in Hong Kong

版權所有　不得翻印

謹以此書獻給

我在 IPP 的歲月

（2014–2023）

目　錄

一 緒論 一

一、中國經濟增長之謎

　　中國自 1978 年改革開放以來，一直在創造舉世矚目的經濟發展成就。國家統計局的報告[1]顯示，2017 年，中國 GDP 按不變價計算比 1978 年增長 33.5 倍，年均增長 9.5%，遠高於同期世界經濟 2.9% 左右的年均增速。同年，人均 GDP 接近 6 萬元，扣除價格因素，比 1978 年增長 22.8 倍，年均實際增長 8.5%，由低收入國家跨入中等偏上收入國家行列。經濟總量在 2010 年超過日本，成為世界第二大經濟體。2017 年，中國 GDP 折合 12.3 萬億美元，佔世界經濟總量的 15% 左右，對世界經濟增長的貢獻率超過 30%，為維護全球經濟的穩定和增長作出了巨大貢獻。

　　放眼全球，中國經濟增長勢頭之迅猛，持續時間之長，沒有哪個經濟體的增長記錄能與之比肩。早在十年前，華盛頓郵報的調查就顯示，有相當多的美國民眾認為，21 世紀將是中國人的世紀。[2]與此形成反差的是，在 1980 年代結束之前，中國還不是「東亞經濟奇跡」的主角，那時被熱議的是日本、韓國、新加坡、中國香港和

1　「波瀾壯闊四十載 民族復興展新篇 —— 改革開放 40 年經濟社會發展成就系列報告之一」，2018-08-27，國家統計局：http://www.stats.gov.cn/ztjc/ztfx/ggkf40n/201808/t20180827_1619235.html。

2　《華盛頓郵報：21 世紀是中國世紀》，2010-02-26，環球網：https://oversea.huanqiu.com/article/9CaKrnJn35w。

中國台灣地區。這些經濟體高速增長的故事吸引無數的研究，解讀它們的成功之謎。國家和地區經濟成功的秘密是甚麼呢？由於其中影響的因素非常多，機制也非常複雜，因而可以有不同的視角予以闡釋。有的研究側重國際政治經濟格局轉向帶來的機遇，如冷戰的開始與終結；有的研究歸因於新的技術革命，如信息、交通、能源、航天、人工智能等新技術誕生與擴散；有的研究認為人口結構變動和增長趨勢至關重要；還有的研究甚至追溯到文化觀念上，如儒家價值觀。不過，最流行和直接的解釋還是，這些經濟體都採取了正確的經濟發展策略和政策，如優先發展重工業，轉移農村過剩的勞動力，採取外向型經濟累積外匯，鼓勵私營企業投資等等。這些解釋策略都有各自的道理和解釋力，缺陷也較為明顯，如經濟政策正確論就無法解釋：是甚麼因素驅使不同的國家形成了不同但有效的經濟政策？為甚麼同樣的改革處方在不同的國家有不同的效果？為甚麼以前有效的政策後來變得無效了？在本書中，我們傾向於使用經濟系統與政治系統互動的視角去解釋經濟發展的機制，這種方法能回答上述問題。

二、國家與市場 —— 一般性的分析框架

對於成功經濟體的發展經驗及政策特徵，人們都習慣性地冠以「XX 模式」的名稱。在東亞，就有日本模式、新加坡模式、韓國模式之類。有的研究者把它們共同特點挑出來，總稱為「東亞模式」（Birdsall et al., 1993）。另外一些研究者則從結構性的視角，總結為「發展型國家」（Johnson, 1982）。我們認為，後一種做法更具分析上的通用性。發展型國家的概念遵循了政治經濟學的方法，以國家與市場的關係為核心，這是分析不同經濟發展模式的一般性邏輯框架。

國家與市場的關係類型有很多，極端地說，一個國家就是一種類型，當然更普遍的做法是把在一些特點上相近的國家歸為一類，從而概括為幾大類型，如指令經濟模式，自由市場模式，協調市場模式等。在不同的政治經濟制度安排下，國家與市場的行為模式會形成各種各樣的組合，而不同的組合又與不同的經濟發展效果相掛鈎，因此，經濟發展模式及其績效呈現出多元化特徵。在國家與市場這個一般框架下，國家這個概念代表了政治體制特徵，最重要的行為主體是制定和執行經濟政策的政府，以及與政府關係密切的立法系統和政黨系統。市場的行為主體是工商金融資本集團和勞動力，勞動力同時也是消費者，所以市場的概念也隱含了生產總供給與消費總需求的關係。

按照這個一般性框架，本書比較了中國、美國、德國和日本四個國家的經濟發展模式。中國的政治經濟體制與美德日的差異是顯而易見的，然而，儘管後三者均被歸為資本主義經濟體制，資本主義多樣性學派（Hall & Soskice, 2001）的研究顯示，細究起來，三者的體制差異要比它們的共同性更加明顯。

在中國，國家與市場關係最明顯的特徵在於，國家始終牢牢地主導和控制着市場的經濟活動，這種做法甚至是歷代大一統封建王朝在治理經濟時就已經採用的原則。國家發展出多種手段從總體上控制市場，包括龐大的經濟管理職能部門、中央經濟規劃、財稅資源配置手段，以及國有企業系統。私營資本和外商資本在改革開放之後迅速壯大，但是它們不被允許也沒有能力向國家的經濟發展主導權發起挑戰。同樣，數量龐大的勞動力也在國家的管理之下，因為代表勞動者發聲的工會組織要接服從黨的領導。我們在書中創造了「制內市場」（MIS, Market in State）這個概念來描述這種體制特徵。

在西方主流的經濟學教科書當中，美國被奉為自由主義市場經濟體制的典範。在美國經濟中，私人企業，尤其是大的工商金融企業，主導着整個市場經濟的運轉。不僅如此，在三權分立、多黨政治、選舉政治等特定的制度環境下，資本集團的力量能夠滲透到政治體系當中操控政府，利用政治權力主導國家財富的分配。「市場能夠自我調節，恢復均衡，國家干預市場只會更糟」，這種理念被反覆強調和灌輸，因而，國家經濟權力的運用被限制在維護市場秩序，彌補市場失靈，化解重大危機等方面，它的角色是被動的和輔助性的。

德國在二戰後的經濟模式被概括為社會市場經濟，或者協調市

場經濟。這種體制的設計者承認市場是激發經濟活力，有效配置資源和實現增長的重要力量，但與此同時，他們也看到了市場的負面影響，例如市場壟斷、收入分配不公、製造系統性風險等。為此，國家不能被特殊利益集團所俘獲，它必須有足夠的能力在經濟中充當公正的「裁判」，制定和執行一套與市場措施相匹配的社會政治制度，以保障勞動者、消費者和社會整體的利益，消除市場競爭下導致的不良後果（菲爾德等，2019）。

由於與德國有類似特徵，日本也被西方學者歸為協調市場經濟。或許，日本人更喜歡專門為他們量身定製的標籤 ——「發展型國家」。發展型國家這一概念點出了日本與德國的不同之處，即日本國家的角色更為積極，它要主導和引導經濟的發展，而非滿足於充當中立的裁判。在日本，政府通過控制銀行系統、嚴格限制外資流入與競爭、給予國內企業財稅優惠等措施調控市場和引導企業，企業在這樣的大環境下也發展出有利於就業穩定和福利提高的勞動制度。如此一來，政府就能夠集中國內的資本和勞動去實施一些重要的長期發展計劃，實現經濟快速增長。

三、不斷變動的經濟發展模式

前面所概括的各種模式如果不加說明，會給人造成一種「它們從來都是這樣」的印象，事實上，這些總體特徵的適用性也許只有幾十年，因為各種經濟發展模式並非一成不變的，它們總是處於不斷的變動之中。

一國的經濟模式要不斷地根據內外部條件變化作出調整，否則就會使國家失去長期增長的動力。中國的制內市場模式並不總是促進經濟增長。在計劃經濟時代，國家包攬了絕大部分對生產和消費的安排，幾乎不存在市場交易機制，結果則是生產效率下降，物質商品供應短缺，居民生活水平低下。從 1978 年開始，國家採取的一系列經濟改革措施調整了國家與市場的關係，國家從一些經濟領域中退出，把經營的權力還給市場主體。例如，在 1978–1996 年間，國有工業企業佔總產出的比例從 77% 降至 33%，而相應地，私營企業和外資企業的佔比均從 0 提高到了 10% 以上（諾頓，2016）。市場空間的恢復是中國經濟快速增長的重要原因之一。通過改革，制內市場的內部結構變得更為合理，形成了多種所有制力量共同驅動經濟增長的局面。儘管如此，總的來看，國家仍然把握着經濟發展的主導權。國家主導市場能夠保證整個經濟系統像一個整體般行動，這對於應對重大危機至關重要，明顯的例證就是，中

國沒有因為經歷兩次世界性的金融危機而陷入社會動盪，也沒有出現持續的經濟衰退。

模式的變化也有可能往壞的方向進行。1970年代的石油危機和1980年代的泡沫經濟迫使日本以往的經濟體制作出調整，在歐美新自由主義的影響下，日本的自由化政策，尤其是在金融領域的自由化放大了市場力量，國家逐漸失去了對總體經濟的控制。日本在1985年被迫簽訂廣場協議，日元的急劇升值引發了泡沫經濟。1991年泡沫破滅後，經濟陷入了長期低迷狀態。在這種狀態下，日本領導人並沒有（或者沒有能力）採取措施鞏固國家經濟治理能力，同時約束市場力量的過度擴張，相反，一些領導人認為是由於私有化、市場化、自由化不夠徹底而導致了經濟的蕭條。於是，歷任內閣的經濟政策仍以增強市場（資本）的力量為主旨。然而，這些改革措施並沒有帶來預期的增長，在短期的財政和貨幣政策刺激之後，經濟又回到原來的狀態，在全球性金融危機面前更是不堪一擊。2008年金融危機以來，日本的年度平均增長率不到1%。[3]國家與市場關係的失衡使日本經濟陷入了結構性危機，一方面市場化改革擴大了資本的權力，使社會財富分配傾向於資本而非勞動力，另一方面，由於佔多數勞動力人口的收入份額下降，市場總需求無法為長期增長提供動力。

不僅中國和日本，美國和德國以及其他經濟體的發展模式都處於變動之中，變化的結果或比以往更好，或更糟，這取決於具體的條件。但總體而言，為了取得良好的增長績效，國家與市場的力

---

3 *Statistical Handbook of Japan 2021*, Statistics Bureau, Ministry of Internal Affairs and Communications, Japan.

量必須實現某種平衡，就像中國改革開放後所經歷的那樣。但是有些經濟體的轉型就沒有那麼順利。從歷史經驗來看，國家和市場的力量對比會呈現出週期性的此消彼長。雖然說「物極必反，否極泰來」，但這種調整過程有可能非常漫長，並伴隨着社會的對立、動盪，乃至暴力革命。

四、中國模式普適嗎？

　　2008 年的全球金融危機沒有使中國經濟陷入長期衰退，相反，在採取有效的刺激計劃之後，中國率先走出了危機，成為緩解全球經濟衰退的重要力量。中國經濟發展勢頭與西方發達國家的反差如此明顯，以至於世界各國越來越懷疑被奉為發展標準路徑的「華盛頓共識」，同時將目光轉向「中國方案」、「中國道路」。中國經濟發展模式能否被別國移植或者借鑒，迸發效用？這是許多研究者和政策制定者關心的終極問題，也是這類研究的「實用性」所在。

　　對於這一問題，本書認為，中國模式的普適性至少受到兩方面限制：一是歷史過程的限制，中國模式是在應對各種重大歷史性事件的過程中形成的，無論是各國共同經歷的事件（如冷戰結束、全球化、信息技術革命、金融危機），還是中國內部特有的事件（如朝鮮戰爭、大躍進、文化大革命、改革開放），它們都不可能再次發生，也就是說，形成特定模式的歷史條件已經不具備了；二是制度特異性的限制，中國經濟發展模式不僅與中國特有的政治、經濟、法律等正式制度相關，還取決於意識形態、文化思想、風俗習慣等非正式制度，不僅如此，制度之間的互補性使它們構成一個完整的體系，移植和複製這個體系是不可能的。

總之，中國經濟發展模式只是多元化發展模式中的其中一種。對其他國家而言，中國經驗不應成為教條，而應成為一種靈感、啟示和勇氣，融入到他們探索繁榮之道的實踐中。

第一章

追尋中西方差異的歷史根源

一、誰控制誰？

經濟管理是現代國家的重要職能，國家如何介入經濟，不同國家有不同的方式。中國和西方的政治經濟體制有顯著的差別，我們可以對兩者的特徵做一個二分式的概括，即中國是「國家控制市場」，而西方是「市場控制國家」。儘管這種高度簡化的分類可能會帶來解釋上的風險，但我們認為它們抓住了中西方各自的主要特徵。

（一）國家控制市場

中國的國家是一個強勢國家，這體現在它能夠牢牢控制着政治、經濟、社會、軍事等各個領域，同時它有能力壓制反對力量的挑戰。就國家和市場的關係而言，國家有多種機制確保整個宏觀經濟置於控制之下。

一是國家擁有龐大的經濟職能管理部門，其中最為突出的有財政部、稅務總局、一行三會、國家發改委、工信部、國資委、商務部、海關總署、勞動部等，這些部門是各類經濟政策的制定者，同時管理着廣泛的要素和商品市場。而在地方政府層面，同樣存在一整套類似的機構體系，用以管理地方經濟以及貫徹中央政策。雖然嚴格的經濟計劃早已取消，但是具有引導性質的五年規劃保留了下

來，它對國民經濟運行仍有相當大的影響力。

二是國家擁有直接參與市場活動的代理人，即國有企業系統。儘管在 1990 年代實施了「抓大放小」的國企改革，國有企業仍然普遍存在於各類行業之中，有與國家戰略緊密關聯的能源、水利、通信、交通、航空航天等行業，也有涉及居民日常消費的房地產、汽車、食品等行業。國企的首要目標不是盈利，而是執行國家的經濟政策，引導和調控市場。例如，三大國有通信運營商被要求降低資費，以刺激信息經濟的發展。國企的廣泛存在方便了政府直接調控市場。

三是國家控制着金融系統。中國人民銀行履行中央銀行的職能，它是國務院的一部分，控制通貨膨脹固然是央行重要的目標之一，但不是唯一的目標，在更多的時候，央行的貨幣政策要根據中央政府對總體經濟形勢的判斷而作出調整。在中國的金融系統中，絕大部分的銀行、證券企業、保險公司及其他金融機構都是國有企業，並接受一行三會的監管。私人資本開辦金融機構需要政府授予許可牌照，而私人獲得這種牌照是非常困難的。金融業在中國是一個敏感的領域，國家對任何金融市場化行為都非常謹慎。

（二）市場控制國家

相比之下，西方的國家在經濟管理領域是弱國家。傳統上，國家的職能被認為應該限定在提供公共品上，如國防、司法、社會治安、基礎教育、公共醫療、社會保障等。而對於經濟事務，佔主流地位的自由主義學派認為，市場自身能夠解決大部分問題，國家不應過多地插手干預，否則造成經濟效率和福利的損失。政府沒必

要保留太多的經濟管理職能部門，政府規模越小越好。在 1980 年代的新自由主義思潮中，西方國家的許多國有企業被私有化了，甚至一些非常重要的部門，如鐵路、郵政、銀行也都交由私人部門運營。國家進行宏觀調控政策的手段有限，主要是財政政策和貨幣政策，而政策目標也比較簡單，聚焦於保證充分就業和穩定通貨膨脹。二戰後，少數西方國家曾一度實行統制經濟，如法國在 1997 年之前曾經制定和實施過 11 個經濟計劃，此後就再也沒有制定過類似的計劃（艾克，2020）。

在大部分情況下，自由主義成為西方經濟政策的正統思想，而政府干預市場的正當性要由「外部性」「市場失靈」「有效需求不足」等概念和理論支撐。而且這種干預只有在發生重大經濟衰退時才具有合理性。在這种放任自由思想主導下，市場力量變得如此巨大，以至於失去了控制。例如，1990 年代西方國家的金融自由化導致全球金融系統風險劇增。儘管經歷了兩次區域性和全球性的金融危機，西方國家也沒能拿出有效的治理策略根除這種經濟動盪之源。相反，政府已經被大資本利益集團所俘獲，充當事後的「救火隊員」。

這種國家—市場關係是由西方的政治制度塑造的。在西方，市場主體對國家的經濟政策有巨大的影響力。西方的政黨、選舉、議會制度為大資本集團影響國家經濟政策提供了多種渠道。大企業可以通過資助政黨競選國家領導人來換取經濟政策傾斜，大企業可以通過國會議員為自己的利益代言，大企業還可以組織強大的遊說團體對政府施加影響，如美國半導體產業協會就主導着白宮的芯片產業政策，大企業的高管甚至可以在政府部門任職，直接影響政策。除了資本家可以影響政策，勞動者也有同樣的能力。由於西方保障

結社自由，勞動者可以通過組織工會向國家爭取權利。所有這些都不可能在中國發生。

上述中西方各自的國家—市場關係的現代特徵，固然是由當前的政治經濟體制塑造的。然而，這種國家—市場關係有更深刻的歷史根源。歷史事件通過思想、經驗、制度、習慣的傳承得以影響至今，這就是歷史路徑依賴的表現。當前的制度形態一定程度上是歷史的延續。歷史分析是一種研究方法，幫助我們找到當前看不見的影響因素。探索中西差異的歷史根源，不僅能夠弄清當前制度的合理性和不合理性，而且能夠更客觀地評價中西制度的優劣所在，為我們避免顛覆性的改革錯誤提供歷史依據。

二、中國的政治經濟結構演變

（一）強勢的中央集權國家

　　中國在公元前 221 年建立了統一的中央集權國家。為了保證國家的長期統一和穩定，中國的統治者設計了精妙的制度體系。在這方面，中國要比同期的西方國家先進。這套制度體制幫助中國在 2000 多年中經受住了各種重大衝擊而存續至今。總體而言，中國大一統體制的構建遵循三個原則，即皇帝控制官僚，中央控制地方，官僚控制軍隊。由此，國家實現了對全社會的有效控制。

1、皇權的塑造

　　秦始皇統一六國之後，發明了「皇帝」一詞作為最高統治者的尊號，並通過制度化的方式強化皇權至高無上的地位以及皇權的行使。在皇權專制下，皇帝是整個統治集團的核心，所有政治權力都歸屬皇帝。為了行使人事、軍事、司法、財政、文教等的諸多權力，就必須建立分工協作的中央行政體系。秦代確立了「三公九卿」的行政體制，三公指的是丞相、太尉和御史大夫，分別履行管理全國政務、軍事及監察的職能，他們輔助皇帝決策，在名義上統領九卿。九卿則是管理更具體事務的官員。所有官員都由皇帝任命，職位不能世襲（韋慶遠，2003：128）。皇權穩定是國家政權穩定的根

本，在秦代的基本制度框架下，歷代王朝都不斷地改進中央官僚體制，以便更好地維護和行使皇權。

與此同時，統治集團還從思想和心理上樹立皇帝至高無上的地位。漢代的董仲舒利用儒家的君權神授觀，將皇權與神權聯繫起來，把皇帝包裝成天子和聖哲，皇帝的意志就代表天意，因而皇權神聖不可侵犯，反對皇權就是蔑視神明，理應被誅滅（韋慶遠，2003：98）。這種思想觀念對官僚和百姓具有威懾效應。皇權思想的外在形態表現為複雜的禮儀制度，如稱號、服飾、宮殿、祭祀等。這些儀式、標誌和景觀不斷強調皇帝的威嚴和君臣之間的等級關係，形成了對皇帝的臣服和順從心理。這些鞏固皇權的制度設計有助於增強統治集團內部的凝聚力，從而有效地維護國家的統一和穩定。

2、地方行政體系

在秦以前，中國在區域行政上實行的是封建制，即天子將土地分封給有功的陪臣，陪臣承認天子的宗主地位，並向其稱臣納貢表示服從與效忠。陪臣的土地還可以進一步分封給更小的陪臣，但小陪臣只對上一級陪臣負責，而不對天子負責。封地由陪臣管理，可以世襲，因此封地逐漸成為家族產業，陪臣在封地內建立武裝、徵稅、維持司法和治安，成為地方的實際統治者。地方貴族坐大後力爭擺脫中央政權的控制，中央權威日漸衰落。秦始皇以郡縣制取代封建制實現了對地方的控制，消除了封建割據的根源。

在郡縣制下，秦代劃全國為數十個郡、上百個縣，縣由郡統轄。郡設郡守掌管全郡，設郡尉和郡監分管軍事和監察。縣主官是縣令（縣長），他有縣丞、縣尉等官員輔佐。縣以下還有鄉里基

層行政組織。縣及以上的官員一律由中央任命。官員領取俸祿，官職不能世襲，任期有限。下一級政府要接受上一級政府的監督，而同級政府官員之間又相互制約（韋慶遠，2003：143-150）。秦漢以後，行政區劃、地方官員及機構設置多有變動，但歷代王朝基本上都遵循「以上統下、層層控制、相互制衡」的原則，有效地防止了地方的分離傾向。單一制行政體系是中國保持長期統一的重要制度因素。有了這套行政系統，不僅可以對全國的戶口、耕地和天然資源進行清查，以此作為經濟管理的依據，還可以提高賦稅汲取能力，組織全國性的人才選拔和調配，調用勞動力完成巨大的工程項目，招募士兵充實軍隊等等，國家的管理能力由此大為提升。

3、對軍隊的控制

軍隊既是王朝安全和秩序的保障，也是潛在的動亂根源。例如，唐代中期藩鎮擁兵自重，安史之亂後，中央政府再也無法控制軍隊，唐朝最終在軍閥割據中衰亡。因此，如何控制軍隊是歷代皇帝非常重視的問題。皇帝對軍權的掌控表現有三。一是皇帝擁有自己的皇家衛隊，二是皇帝對軍事官員及將領有任命權和監督權，三是皇帝是軍隊的最高統帥，作戰時重要的軍事決策需經皇帝批准，皇帝甚至可以御駕親征。軍事官員及將領主要負責軍事行政和軍事訓練，沒有調動軍隊的權力，除非皇帝授權。將領調動軍隊時要有兵符和詔書作為憑信。將領在前線領兵打仗時，中央會安排監軍負責監控軍事行動，向中央彙報戰況以及傳達中央作戰決策。

在軍事制度設計上，統治者儘量分散軍權，以實現相互制衡。明代在這方面做得很徹底。明代的軍事機構在中央包括五軍都督

府和兵部，地方包括都司、衛和所。五個都督府互補不統屬，每個都督府內又設多個都督官職，相互監督制約。都督府負責統兵作戰，但調撥軍隊的權力在兵部，而兵部調兵則需皇帝批准。軍隊駐紮在全國各個衛所，由地方訓練。作戰時從衛所調集，歸出征的都督指揮，戰事結束後返回衛所。在整個明代，軍事將領叛亂的情況很少，說明了軍事分權制度在穩定國內秩序上的有效性。但在對外作戰時，這種體制極大地削弱了軍隊的戰鬥力，因為文官與武官之間，將軍與士兵之間、都督府之間、衛所之間缺乏協調配合。

（二）由農業支撐的國家

要實現王朝的文治武功，維持國家機器的正常運轉，實現對內、對外的有效控制，就必須依靠財政體系。財政體系是國家政治功能與經濟功能的紐帶，為獲得國家運轉所需的資源，政府必須征繳和分配稅收，同時為保證稅源，政府不得不管理經濟。中國的農業社會延續了 2000 多年，直到 1949 年中國仍是一個以農業經濟為主體的國家，當時的農業產出佔工農業總產值的 70%，接近九成的人口居住在鄉村 [1]。農業是王朝的經濟基礎，因此統治集團對農業經濟的關注就成為必然。

1、農本主義國策

農本主義思想可以追溯到戰國時代的商鞅、荀卿和韓非等人。以他們為代表的法家學派提出，農業是富國強兵的重要基礎，農業

---

1 《中國統計年鑒（1982、2021）》

是國家財富的根本，而工商業不創造財富，從而形成農為本業，工商為末業的觀念。荀卿的《富國篇》提到，士大夫和工商業者過多會導致國家貧困，而農民才是國家財政的根本。韓非則更偏激地認為，工商業者和其他非農業人口對社會有害無益（劉含若，1988：186-187）。作為王朝正統思想的儒學同樣重視農業，儘管儒家對社會階層做了「士農工商」的排序，但與法家不同的是，儒家並不反對工商業，也不鄙視商人。相反，他們認為商業是社會正常運轉的一部分，只要商業活動不危害社會，商人追逐財富是無可厚非的（鄧鋼，2020：131-133）。

農本主義是傳統中國的經濟管理思想的核心，基於這一理念，歷代王朝對國家經濟的管理實踐形成了許多共識，並予以制度化，如保護自耕農對土地的佔有、興修水利、治理河道、推廣新的農業技術、鼓勵開荒墾殖、荒年開倉救濟等（鄧鋼，2020：100）。明清兩朝的皇帝每年還要在春耕禮上扶犁往返三個來回以示對農業的重視。因為農業的重要性，統治者在社會階層的排位上，把農民排在手工業者和商人之上，僅次於知識分子。農民在名義上獲得了優待。但是這並不意味着農民的日子很好過，相反，他們都較為貧窮，生活艱苦。一旦發生天災人禍，農民就要破產。因此所謂的較高社會地位，只是統治者為了安撫農民心理的空頭支票。

統治者與思想家的「以農為本」是不同的概念，對於前者來說，農業之所以重要，是因為主要的財政收入來源於農業，他們關心的是從農業上獲得的稅收，並不關心農業生產，也就是說國家雖然倚重農業稅收來維持運轉，但並不會把很多資源投入到農業生產中去。雖然歷代王朝也會投入資源建設一些有利於農業生產的公共工

程，如治理河道、興修水利，但還沒有像今天這樣專門設立農業管理部門去支持農業生產，農業技術和生產力的進步主要還是靠緩慢的自發積累。

2、財政收入結構

在整個帝制時期，絕大部分政府收入都來自農業。以明代為例，財政收入包括田賦、差役和雜色收入三大類。其中，田賦是最主要的收入，被視為正稅，其規模超過了其他收入的總和。絕大多數田賦是實物稅，例如，1578年南京國子監收到的田賦包括常州府的3500石米，寧國府的100石小麥，應天府的100石綠豆，還有湖廣布政司的2萬餘斤乾魚（黃仁宇，2015：248）。田賦是勞動力和土地相結合創造的產出，勞動力有自耕農和佃農，土地有官田和民田，即國有土地和私有土地，官田只佔1/7，其餘為私田（趙岡和陳鐘毅，1991）。儘管土地有不同的所有者，但整個國家的賦稅都是由農民創造的，農民供養着包括皇室、宗藩、官府和地主在內的上層階級。大部分縣的田賦稅率在5%-10%（崔瑞德和牟複禮，2006：117），農民的日子並不好過。

除了田賦，農民還要應付差役，即向官府提供的無償物資和勞務。差役通過里甲制來徵收。由於財政有限，政府無法供養過多的專職辦事人員，因此這些日常性事務及相應的物資就由里甲組織予以滿足。裏長和甲首具有半官半民的性質，他們協助官府完成徵稅和解稅的任務。里甲要提供的勞務人員是很廣泛的，包括治安巡邏人員、馬伕、護衛、隨從、倉庫管理員、腳夫、廚師等，政府不會給他們報酬，勞務成本要由里甲支付。無償提供的物資也是五花八門，包括土特產、馬匹、車船、草料、盤纏、廚料、紙箋、弓箭、

軍服等等。提供這些物資的成本最終都落到了農民的頭上（崔瑞德和牟複禮，2006：118）。

雜色收入名目明目繁多，可以細分為三類，一是工商業稅收，包括內地關稅、沿海關稅、地方營業稅、礦稅和魚稅等。二是行政收費，如出賣官銜的收入、僧道人員的註冊費、罰沒收入等。三是官府應收勞務和物資的折現收入。此外還有從邊境地區茶馬貿易中抽取的收入（崔瑞德和牟複禮，2006：127）。雖然雜色收入的單項規模都較小，但是由於課稅項目在日常中頻繁發生，種類多、活動量大，因此在國家財政中仍舉足輕重。資料顯示，16 世紀晚期的糧食運輸商人要在大運河上的 12 個不同地方繳納關稅和雜費，這些費用佔到貨物本身價值的 20%（黃仁宇，2015：332）。

從政府的收入結構來看，帝制國家的財富完全來自農業經濟，因此其重要性不言而喻。然而這種重要性只是觀念上的，而不是統治者的切身體會，他們很少會為了農業經濟的發展採取有效的政策措施和設施建設。由於生產力水平低和思想的局限性，並不具備今日所謂的「發展型國家」的性質，它顯現的更多的是剝削性質。國家能提供的公共產品非常有限，主要是司法和國防，有時還有一些公共工程，如黃河治理、大運河疏浚、長城等。此外，國家收入的大部分都用於維持統治者的消費。國家能力衰退的時候，政府甚至無法提供社會需要的政治經濟秩序，反而成為社會財富的掠奪者。

3、小農經濟的循環

對農耕經濟的過度依賴造成了中國在 2000 多年的時間裏陷入興衰往復的歷史週期中而無法跳脫出來。直至十九世紀後半期，西

方殖民帝國的侵入才徹底地打破了這種循環。這個歷史週期的模式一般是：

階段一：新王朝建立，政府將大量因戰亂而荒蕪的土地分配給農民耕作。農民獲得土地所有權，生產積極性提高，農業產出增長。王朝開創者鑒於前代滅亡的經驗，實施休養生息、輕徭薄賦的政策，也刺激了農業生產。

階段二：王朝中期，和平環境使人口快速增長，在農業技術進步十分緩慢的情況下，土地養活人口的壓力漸增。糧食價格上漲，土地投資回報率提高，這吸引了官僚、富商和地主大量購置土地。而自耕農勢單力薄，社會風險抵抗力弱，常常因天災人禍出賣田地維持生存，由此淪為佃農，或者轉行，或成為無業遊民。國家沒有採取措施鼓勵非農經濟部門的發展，開闢新的財富來源，因此無法吸納從農業部門流出的勞動力，使得這些人日益成為社會的不穩定因素。

階段三：王朝末年，統治階級腐化，國家政治經濟秩序紊亂，農民因過重的剝削和壓迫揭竿而起，伴隨着軍閥混戰或（和）外族入侵，舊王朝被新王朝取代，又開始一個輪迴。

在這個模式中，最關鍵的矛盾來自於農業生產的特性。農業生產離不開土地，耕地的增長十分緩慢，而勞動力的增長速度較快，因此，耕地和農民的比例總會到達臨界點，即單個農民的邊際產出為 0 時的比例。超過這個臨界點，農業人口的增加就會降低農業產出。因此，過剩的勞動力必須轉移到工商業部門創造新的財富，否則就會成為社會的負擔。但是當時的統治者不具備這種現代經濟學知識，他們的思想被農本主義所限制，認為工商業並不創造財富，勞動力流入工商業只會增加消耗糧食的人口，減少農業產出和政府收入。

他們認為癥結在於土地兼併使大量農民失去了生活的憑靠，走投無路才起而造反。所以傳統國家為了維持王朝統治，刻意保留維持一個小農經濟生產模式，即每戶農民都有自己的田地，通過耕種滿足自己的衣食之需，從而減少失業和貧困。為了維持小農經濟，統治者最重要的經濟政策就是土地分配政策。漢代董仲舒提出，要限制土地兼併，以便人人都有田地耕種，能夠自己養活自己（趙岡和陳鐘毅，1991）。北魏至唐代前期實行過均田制（即土地國有制）。這些以限制土地兼併為目的重大土地制度調整，到最後都名存實亡了（閻萬英和尹英華，1992）。農本主義政策與經濟規律的矛盾支配着二十世紀之前的王朝興衰。傳統中國的農本主義統治者放棄了探索其他發展路徑的可能性，同時它的政治經濟制度體系也有意無意地抑制了某種推動歷史發展的關鍵力量的成長，它就是促使中西方發展路徑出現「大分流」的市場力量。

（三）市場力量的孱弱

1、鄉村市場規模和結構

經濟系統是一個整體，農本主義政策影響的不僅僅是農業部門，而是整個經濟系統。歷代王朝刻意維持小農經濟，而小農經濟是一種分散的小規模生產模式，不利於規模化生產和技術進步，同時也是一種自給自足的模式，不利於專業化分工與市場經濟發展。極大地限制了商業資產階級的崛起。

在明清時期，農民佔總人口的八成（司馬富，2022：143）。儘管佔人口多數，農民的需求無法成為市場的主導力量。農民的日用消費以食品和衣物最為重要。食品主要是米麥等穀物，衣物則是由

棉麻織成。這兩種物品農民通過在土地上種植糧食和經濟作物，然後自己加工完成。當然，農民的需求還有很多，例如鐵器工具、傢具木器、陶瓷器皿等等，不可能都完全自己生產，但是這些基本的產品可以由鄉村手工業者生產，他們與農民在附近的集市上交換所需。這樣，在一個較小的範圍內，就形成了一種封閉性較強的自給自足經濟。

鄉村集市是一種原始的市場，農民用於交換的產品是剩餘產品，而不是為了交易而專門生產的商品。他們交換的目的在於滿足日用所需，而不是賺取利潤。這種市場的封閉性較強，僅覆蓋幾個鄉村，無法擴大規模。鄉村集市基本不具備現代市場的因素，它範圍狹窄，交易量小，沒有專業化的商人，貨幣使用頻率低。在統治集團的壓榨下，大部分農民生活困苦，僅維持在溫飽水平，這種原始市場完全是為了保證基本的生存水平而發展起來的。它幾乎不可能引起商人的興趣，因為他們的介入根本無利可圖（崔瑞德和牟複禮，2006：476）。

2、商人對統治集團的依附

雖然商人無意於到鄉村市場謀利，但他們一定不會錯過城市中的商業機會。中國的城市首先作為國家的行政樞紐而存在。城市的行政級別越高，官員的數量就越多，尤其像京師這種城市，由於政府部門多，官員及其家庭羣體明顯是城市中的一個重要組成部分，他們與皇室成員一起構成權貴階層。權貴階層掌握着社會財富分配的權力，他們有較強的商品購買力。權貴階層是商人的大主顧，向他們提供生活用品和奢侈品能夠使商人獲得較多的利潤（崔瑞德和牟複禮，2006：644-645）。

明中後期，在經濟發達的地區，如江南和福建，越來越多的地主搬到離其地產較近的城市中生活，同時他們將鄉下生產的剩餘物品運到城市中出售，從而活躍和擴大了城市的市場。地主通過售賣大量的剩餘產品也成為了購買力強的消費者，也成為商人服務的重要對象。

　　既然權貴和地主的購買力和需求是商業利潤最重要的來源，商人就不得不對他們產生依附關係。不過，市場需求只是造成這種依附關係的一種機制。另一種機制是，對於更加雄心勃勃的商人而言，他們決心攀附國家的政治權力，利用特權賺取最豐厚的利潤。這類大商人即所謂的「紅頂商人」。例如，商人利用鹽業專賣權致富就是這種依附關係的典型例子。

　　以明代為例，政府招募商人為邊境軍事基地運送糧草，然後發給商人鹽引（即領鹽的特許憑證）。商人可以拿着鹽引到指定鹽場換鹽，通過在指定地區賣鹽。因為鹽是專賣品，因此商人可以獲得比在自由買賣條件下更多的利潤。鹽業專賣店利潤很高，1600 年，商人從政府那裏獲取一引鹽的成本是 3.5 兩白銀，而以 9 兩的價格轉賣給內地分銷。到了內地市場，零售價至少是 15 兩（崔瑞德和牟複禮，2006：122-126）。在明清兩代，擁有鹽業專賣權的商人常常是社會上的巨富。

　　自 16 世紀全球海上貿易勃興，在中國出現的巨室富賈還有從事海上貿易的生意人。這些人對政治權力的依附性更強，因為在大部分時候，海上貿易是受到官方嚴格控制，甚至禁止的，商人要想通商獲利就必須尋求統治集團的庇護和特許權。例如，廣州的行商（十三行）完全壟斷了全國的對外貿易，行商本質上是政府授予通商特許權的外貿代理人，茶葉、絲綢、瓷器等大宗商品貿易完全由

十三行壟斷，其他小宗商品貿易雖然允許非行商參與，但仍要行商充當中間人才能與外商交易。行商與鹽商一樣，都是依附於國家權力的特權商人（吳慧，2015：242）。

3、商業利潤的流向

商人賺取了巨額利潤本應流向工商業的擴大再生產，以便創造更多的財富，然而，在缺乏有效的制度性保障的情況下，商業利潤流向了無效率或者抑制商業增長的領域。

一是用於結納朝政要員，賄賂官府。紅頂商人在市場中的壟斷地位來自於政府官員的授權，商人要把部分利潤作為特權的「租金」回饋給授權的官員，以便長期維持這種壟斷勢力。不僅是為了獲得特權，即便在日常經營中，也必須依靠相熟的官員降低交易過程產生的成本。

二是投資田產。商人積攢巨額財富之後，大多購置田產，作為保值增值的手段。田地不怕水火偷盜，而且總量相對有限，地價長期看漲。商業活動雖然利潤率高，但是風險也很高，相比之下，田產的收益來得更安全、穩定。通過投資田產，商業利潤轉化為了地租，不再起到促進商業資本擴張的作用。

三是放高利貸。明清法律雖然規定借貸的年息不得超過36%，但是現實中很少遵守，高利貸利息奇高，在一些案例中，年息高達 150%（晁中辰，2010）。高利率吸引了很多商人介入放貸行業。高利貸因為不正常的高利率很容易摧毀借貸者的還款能力，它常常使借貸者傾家盪產，最終逼至絕路。因此，高利貸促進農工商業發展的情況並不多見，相反，它起到破壞正常生產秩序，激化社會矛盾的作用。

從商業利潤的流向可知，無論是特權商人還是普通商人，在國家對經濟活動的嚴密控制下，他們兼有地主和高利貸者身份，很容易退化為一個壓榨和盤剝農民的食利階層。他們無法擺脫對國家權力、土地經濟的依附關係。這就決定了傳統商人羣體無法突破舊的經濟模式組織新的生產關係，從而也就難以成為像西歐資產階級那樣反對舊政治經濟體系的變革力量。

三、西歐的政治經濟結構演變

（一）弱勢的分權體制國家

自西羅馬帝國在 431 年崩潰之後，歐洲就再也沒有出現過像羅馬帝國那樣規模的統一國家。在 500-1500 年的這一千年間是歐洲的中世紀時期。此時的歐洲處於四分五列的狀態，還不存在現代意義上的民族國家，也不存在與同期中國類似的中央集權國家。王國、公國、共和國、城邦、帝國、聯盟、教皇國等各種類型的政治體遍佈歐洲大陸，它們時而結盟，時而相互征伐。在很長的歷史時期內，歐洲的政治體類型多樣、數目龐大且版圖變動大，限於篇幅，本文重點關注兩個最重要的國家，即英國和法國，它們在較早的時候就形成了與現代英國和法國相當的地理規模。

1、法國

在中世紀中期，西歐國家的政權組織形式以封建制為特徵。公元 900 年左右，封建制在法國出現，後來傳遍歐洲。在封建制下，授封者稱為領主，國王是最大的領主，而被封者稱為封臣，他們要宣誓對領主效忠，有義務為領主出兵打仗和提供各種服務。封臣在自己的封地範圍內有很大的權力，如保留軍隊、徵收賦稅、制定法律、主持司法等，封地是封臣的私有財產，可以由子嗣繼承。封臣

也可以進一步分封，此時他就變成了小領主。封臣只對直接的領主負責，而不對領主的領主負責。因此，封建制無法保證國王的權威和法令自上而下地貫徹，中央政府很難有效地控制地方勢力，地方貴族成為實際的掌權者（本內特，2007：144-147）。

法國在 987 年進入卡佩王朝時期（Capetian Dynasty，987-1328 年），卡佩名義上是全法蘭克人（Frankish）的國王，實際上，王室直接控制的領地只限於一個被稱為法蘭西島（Île-de-France）的區域，它只是法蘭克境內諸多王國中的一個，有的公國或伯爵領地比它的面積更大，財富更多。不過，卡佩王朝的歷代國王不失時機地利用戰爭和權謀強化王權。

在中央層面，國王把自己的宮廷發展成為一個高效而複雜的官僚行政系統，用以貫徹自己的統治意志。行政部門的創設為社會經濟發展提供了必要的公共品，如最高法院處理各類糾紛，維持社會秩序；鑄幣廠發行高質量的貨幣，刺激國內商業發展。重大對外戰爭的勝利提高了國王的權威和聲望，而國王也刻意灌輸王權至上的理念，要求所有的臣民必須效忠和服從他。

在地方層面，國王不斷發動戰爭攻打持有異見的貴族，將它們的土地直接置於王室的控制之下。國王僱傭職業官僚來充當地方的執政官，代表國王行駛財政、司法、軍事和行政等權力，他們是領薪水的職業官僚而不是貴族，因此對王室更加忠誠。國王甚至建立了巡迴視察制度，讓巡視官到地方訪查官員的執政情況（本內特，2007：301-309）。

強化王權的行動使行政和軍事開支飆升，為了爭取教會、貴族和富裕市民在財政上的支持，國王於 1302 年首次召開了包含上述三個社等級代表的會議，這就是三級會議的起源。三級會議的內部

組織和召開時間在當時還沒有形成一個固定機制，也不是政府機構的組成部分，更沒有與國王討價還價的能力，但是三級會議後來發展成了反抗王權的重要工具。

2、英國

在英格蘭，諾曼底公爵威廉（William I）在 1066 年渡海奪取了王位，他為這個島國帶來了封建制。威廉自己佔有英格蘭約 1/6 的土地，這些皇家領地是他的統治資本。其餘土地則分封給他的親信和男爵。但是這些封臣的封地都是零星分散於各地的，從而分化了他們反抗中央的能力。此前，英格蘭已經建立了一定程度的中央集權體制，地方上實行郡區管理制度（本內特，2007：56）。宮廷裏的職業官僚已經存在，他們管理着國家的行政、司法和財政事務。新國王對此加以利用，並且增加了新的元素。

在中央層面，在宮廷中，國王有自己的秘書機構，他們負責起草和發佈國王的法令，處理日常公文。國庫有一套關於徵稅、收集以及保存國王財政收入的制度，由度支部執行，各地郡長每年兩次要到度支部彙報收支情況。度支部兼有稅務監察和執法的功能。1086 年名為《末日審判書》的全國財產普查結果體現了當時的財政管理能力。王室法庭充當着最高的議事和決策機構，它有兩種形式，一是大議事會，用於召集直屬封臣討論軍國大事，審判重大案件。二是小議事會，處理日常行政事務，包括制定國家政策，管理國家財政，監督地方政府，以及審判非重大案件（羅伯茨等，2013：56，98）。

在地方層面，國王任命當地的大地主作為地方政府長官，稱為郡長，負責為國王徵收賦稅，並上繳國庫。郡長召集和領導民兵，

民兵不是地方私人武裝，而是國家的軍隊。郡長管理着郡法庭，處理地方糾紛和刑事案件。郡下面還有區級行政單位，區法庭既是處理小型案件的機構，也是徵稅的財政單位。皇家巡迴法官經常巡視各地，到郡和區的法庭旁聽訴訟，監督郡長，以此實現國王對地方的司法管轄權（本內特，2007：291）。

英國議會的雛形在 13 世紀中期出現了。1215 年貴族因不滿國王約翰（King John，1167-1216）徵收的重稅發動叛亂，迫使他簽署了《大憲章》（Magna Carta），其基本精神是，在重大決策上國王要與貴族共同商議，只有徵得貴族的同意才能徵稅。1258 年貴族們與國王簽訂《牛津條例》（Provisions of Oxford）。其中規定，商議國是的議會每年召開三次，成員包括國王、官僚和貴族代表。此外，還有一個由貴族組成的十五人會議，協助國王管理國家，監督財政工作和人事任命。國王愛德華一世（Edward I，1239-1307）當政期間，依法治國的理念形成，王室大量出台法律，而議會也參與其中，因而逐漸有了立法功能。不過在當時，議會的主要作用還是協助國王治理國家，而不是反對和限制王權。

（二）市場力量的形成

儘管英法兩國的政治體制中有中央集權的成分，但是，我們不能過高估計集權的程度。英法也許在當時的歐洲國家中表現突出，但是與同期的中國相比，集權程度還是稍遜一籌。英法國王在大部分情況下仍然要依靠地方貴族進行統治，而且如果國王毫無限制地增加賦稅的話，貴族也有權反抗中央王權。地方貴族仍然能夠在其領地內保留軍隊，擁有司法權、徵稅權。貴族掌握的資源太多，以至

於他們成為王位的覬覦者和篡奪者，是國家動盪的不安定因素。儘管中央行政框架（宮廷）已經存在，但中央權威在很大程度上仍依賴於國王的個人能力，包括智力、見識、抱負、性格等。如果缺少這些東西，中央政府就會式微（杜比和芒德魯，2019：438）。各地並不存在整齊劃一的行政制度框架，地區間的政治體制有很大的差異。在中央權威難以徹底貫徹的情況下，各地方在政治、經濟制度上有較大的自主選擇權。在權威的縫隙中，市場力量得以萌生和壯大。

1、商業與城市的興起

進入 11 世紀後，歐洲的糧食產量大幅增長，這得益於蠻族入侵結束之後的和平環境，氣候改善，以及農業技術緩慢進步帶來累積效應。糧食的增長不僅養活了更多的人口，同時也有了更多的剩餘產品用於交換，貿易隨之興旺起來。農民在集市上出售剩餘的糧食，然後換取生產工具、布匹以及其他物品。隨着交易日益頻繁和數量擴張，集市就發展成為城市，裏面住着大量的商人和工匠。

城市所在的土地仍然是封建領主的，但是封建領主並沒有阻止城市的建立和擴張。這主要是受經濟利益的驅使，領主能夠從城市經濟活動中獲得很多好處，包括建城特許狀收費、地租、稅收、罰款等等，而且他們不用花錢管理城市。領主樂於讓渡部分政治權力以換取經濟利益。每當領主就城市管理權力權限與市民發生衝突時，市民就用金錢購買新的權力，通過這種方式，城市的自治權不斷擴大（麥克尼爾，2016：264）。城市適宜商業活動的規則和自由的氛圍吸引着越來越多的人進城定居，除了商人和手工業者，主要是富裕的農民。甚至出逃的農奴也可以在城市獲得自由，只要他在城市住滿一年零一天（麥克尼爾，2016：262）。一些領主把城市視

為有價值的資產，他們積極地採取措施吸引商人定居城市，建設城市的街道和城牆，賦予市民要求的自由權。

城市是迥異於農村的空間形態，而城市中的商業是不同於農業的產業形態。雖然商業活動不生產實物商品，但是它也同樣創造財富，而且這種財富逐漸成為國家重視的稅收來源。城市為新型生產者提供了庇護所，同時也將他們的力量通過空間集中而凝聚了起來，市民之間接觸更加頻繁，信息傳播更快，一致對外的團結感更強，他們的市民身份認同會把他們塑造成一個獨立於領主、騎士、教士和農民的利益共同體，或者說一個新的階級。當這個新的階級逐步壯大的時候，他們已經不再滿足於追求經濟利潤，而是要爭取政治權力了。

2、資產階級的政治權力

儘管市民能夠用金錢向領主購買他們想要的權力，但是他們並不想被領主過度壓榨。為了反抗領主過分的索要，市民有組織地聯合了起來，以增強向領主討價還價的能力。這種聯合不僅僅是為了與領主談判，也是城市內部自我管理所需要的，於是，城市自治政府（簡稱市政府）就形成了。自治市一般會選舉出自己的市長和輔助它治理城市的議員。不過，只有少數市民才能參與選舉及成為官員，他們通常是富商和行會領袖，所以，城市是由這些寡頭來統治的。市政府有自己的法庭、財稅機關和關卡。市政府的職能包括維持社會治安，主持司法審判，徵收賦稅，建設公共基礎設施，與領主和國王交涉等（本內特，2007：187-188）。

城市自治的權力來源於國王或貴族授予的「城市特許狀」，其中載明市民享有的各項自治權。例如，市政府付給領主特許狀費用

後，領主就無權向市民課稅，也不能限制市民的人身自由；市民還可以在城市的地界內買賣、出售或遺贈土地；在特定的周邊區域擁有商業壟斷權（麥克尼爾，2016：263）。城市的興起，使授予特許狀成為一門有利可圖的生意，封建貴族都願意出售這種特權。國王也不例外，通過向城市出售特許狀，國王不僅增加了收入，還建立了與地方的直接聯繫，與市民結成了反對貴族的聯盟。

十六世紀不斷興盛的海上貿易徹底改變了歐洲的商業經濟。君主們希望用海上貿易創造的財富支持他們的戰爭和其他事業。因此，國家和商人的關係變得非常緊密。國家採取重商主義政策扶持貿易和航運業，國王不僅把某一地區的貿易壟斷權授予私人公司，甚至不惜與其他列強開戰，爭奪海上霸權，為自己的商人保駕護航。商人對國家的重要性被提升到了一個新的高度。

商人們從全球貿易中獲得的大量金銀貨幣轉化為國內的工商業投資以及銀行業資本，因此，海外貿易帶動了國內工商業和金融業的發展，國內的資本家隊伍也相應地壯大了起來。相比之下，土地貴族的經濟實力受到了削弱。其中的原因在於，金銀的大量流入導致了通貨膨脹，而貴族收取的是定額貨幣地租和賦稅，他們的購買力因此大幅下降了（麥克尼爾，2016：362）。隨着資產階級經濟實力的上升，他們正在悄然改變封建社會上層權力的構成。

（三）資產階級的勝利

1、英國革命（1640-1688）

與 1540 年相比，1640 年的資產階級無論在人數上還是在財富上都有了較快的增長，其中鄉紳的人數增加了 3 倍，而總人口在此

期間只增加了 2 倍（羅伯茨等，2013：412）。許多資產階級依靠雄厚的資財成為新貴族，他們的政治影響力日益增強。在地方上，一些鄉紳擔任郡長，掌握司法、行政和稅收大權。在國家層面，資產階級進入下院，成為鄉紳、商人、銀行家、律師及其他專業人員的利益代言人。在 14 世紀後期，議會形成上下兩院（麥克尼爾，2016：83），在近 300 年的時間裏，資產階級議員在下院參與國策議定，積累了政治鬥爭經驗，權力範圍也在不斷擴張。他們通過立法權捍衛資產階級的利益。

而斯圖亞特王朝（The House of Stuart，1603-1714）的前四位國王無視日益強大的議會，決意要強化王權，例如，國王查理一世（Charles I）就實行了 11 年沒有議會參政的君主專制統治。議會常常被國王解散。一旦擺脫議會的約束，國王們就隨心所欲地制定政治、經濟、宗教和外交政策，這些出自國王喜好和私利的政策極大地激起了社會各階層的不滿。國王的稅收政策尤其不得人心，而這也正是觸發革命的導火索。國王經常在沒有徵得議會同意的情況下開徵新稅，用於滿足私欲，宮廷揮霍，發動戰爭和鎮壓起義。如果納稅人抗拒徵稅，國王就用濫用司法權對反對者實施監禁。此外，國王還把幾百項專賣權賜予寵臣，壟斷許多商品的買賣，強行徵集貸款，收取各種各樣的罰金等等。這些政策加重了人民的負擔，也放慢了資本積累和財富增長的速度。

在 1640 至 1688 年間，議會與國王及其支持者進行了艱苦卓絕的政治鬥爭，從 1640 年議會分裂引發內戰，到 1653 克倫威爾建立共和國，再到 1660 年查理二世復辟，最後到 1688 年光榮革命，王權與議會權力此消彼長、幾經反覆，經過流血和不流血的革命才最終確立了議會的最高統治權威。許多立法，包括《壟斷權法案》

（1624）、《權利請願書》（1628）、《民兵議案》（1642）、《權力宣言》和《權力法案》（1689）反映了議會的勝利。需要注意的是，在這一系列歷史性事件中，不僅有政治權力和經濟利益的爭奪，還摻雜着外交、宗教、民族衝突等多種因素，因此，這個權力鬥爭的過程並不能簡單地歸結為資產階級革命。但從結果上看，英國革命清除了資產階級主導國家權力的封建主義障礙，為資本主義的發展提供了可靠的制度保障。

光榮革命後，英國社會的商業精神煥發出勃勃生機。地主和鄉紳並不滿足於地產上的收入，他們積極投身於投資活動，包括開採鐵礦和煤礦，生產木材和羊毛，然後賣給製造商。同樣，工商業人士也把從各自行業賺取的利潤用於購置土地和莊園，以此獲得上流社會認可的身份。許多大型股份公司紛紛出現，如英格蘭銀行、東印度公司、哈德森灣公司等，這些公司吸引着來自官僚、大地主、律師，甚至教士的投資。此外，由於農業得到投資，許多新的農業技術得以出現，土地耕牧輪替制、牲畜品種改良、肥料和飼料研發等，農業生產率得到大幅提高，結束了英國在中世紀普遍發生的饑荒。

經濟領域的這些變化昭示着，獲得政治權力的資產階級正在按照新的生產方式來組織國家經濟，不僅如此，他們還將按照新的理念構建整個社會制度，在社會生活、思想文化、對外貿易、軍事、外交等等方面顯現出前所未有的活力。一個資本主義大國正在形成，它將引領未來 200 年的歷史進程。

2、法國大革命（1789）

在資產階級革命的發生機制上，法國與英國有較大的差異。1453 年百年戰爭的勝利極大地提升了法王的威望，作為國家層面

的政治代議機構，三級會議的作用被削弱了。它沒有像英國議會那樣被制度化，無法對王權實施有效的制約。在大革命爆發前，三級議會已經有 175 年沒有召開過了，因此廣大的資產階級無法通過議會政治表達自己的利益訴求和不滿。在地方層面上，全國被劃分為省和郡，省長和郡長都由國王直接任命，完全聽命於中央政府。即使是擁有自治權的城市，國王選派的官員也取代了當地民選的官員。此外，地方的一切活動都受到皇家監察使的監督（馬嘯原，2000：74）。這進一步縮小了資產階級的政治表達空間。

應該說，法國政府是大力支持商業活動的。在 16 世紀的海上貿易大潮中，法國不遺餘力地支持貿易、航海和探險活動，甚至不惜用武力保護本國商人的利益。海上貿易還帶動了國內的經濟活動，國家的保護和政策激勵使商業、手工業、金融業蓬勃發展。在 17 世紀，日漸壯大的資產階級隊伍出現了分化。大資產階級變成了「穿袍貴族」，即王國政府的文職官員。富裕的工商金融業人士用錢買官，或者培養子弟獲得國家和地方的職位，這些職位只要交稅就可以自由轉讓，或者讓後代承襲。他們還購置地產，讓自己更像一個「佩劍貴族」（即世襲貴族）而不是商人（杜比和芒德魯，2019：312）。於是，上層資產階級就慢慢蛻變為封建貴族的同類，把控着中央和地方的政治權力。他們享有特權，可以隨意揮霍着國家的財政收入，整體上腐化而墮落。

而中小資產階級則要忍受着許多不公：如政府向他們徵收重稅，國王要多少就得給多少；國王、官僚和貴族們強行借貸，且常常不還；政府和軍隊職位只保留給貴族；晉升靠的是關係而不是個人能力；貴族階層對他們輕蔑而鄙夷。更重要的是，腐敗無能的行政體系會阻礙工商業的發展。到 18 世紀，中小資產階級已經對現

狀越來越不滿了。1775 之後的十餘年間，法國遭遇了嚴重的經濟危機，王室、貴族和教會並沒有相應地減少稅收，各種直接稅和間接稅仍舊催逼不誤，由此激化了封建王權與農民、工人和資產階級的矛盾，導致大革命爆發。

儘管法國大革命要比英國革命晚上整整一個世紀，但它的影響要比後者更為深遠。大革命成果集中體現在 1789 年的《人權宣言》和《1791 年憲法》中。人身自由、法律面前人人平等、私人財產神聖不可侵犯、反抗壓迫的權利、主權在民是《人權宣言》所闡述的主要革命原則。《1791 年憲法》則規定了政治權力的組織方式，包括實行立法、司法、行政三權分立，立法權作為國家的最高權力由國民議會控制，建立中央集權的代議制政府體系，設立新的行政單位「省」，實行政教分離和宗教寬容政策等等。儘管《1791 年憲法》沒有成為現實，但是其中的自由主義、民主主義和民族主義理念指導着後續政治改革（麥克尼爾，2016：505-508）。即使是在 1804 年拿破崙稱帝之後，大革命的成果不僅沒有被拋棄，反而由於《拿破崙法典》的頒佈而將大革命的成果制度化和系統化了。而後，拿破崙的對外擴張把大革命的成果擴散到了歐洲諸國，影響力之巨大超過了英國革命。

大革命的成果是資產階級統治的基礎。例如，就平等觀念對經濟的意義而言，阻礙競爭和創業精神的行會制度被取消；法律禁止工人或僱主成立聯盟控制勞動力市場；大部分專賣權和特許經營權被取消；貴族和教會不再享有免稅特權，而是要像普通人一樣納稅（杜比和芒德魯，2019：557）。所有這些改革都有利於資本主義的壯大。資產階級的勝利，使法國在 19 世紀中期之後走上了工業化強國之路。

四、中西方國家—市場關係的差異

（一）中國：國家中的市場

在中國，國家與市場的關係突出地表現為市場被置於國家強有力的監管之下，國家掌握着市場收與放的權力。這種關係特徵的歷史根源在於，中國很早就建立的中央集權式國家。秦始皇把六合一統視為自己的不世之功，甚至專門創造了「皇帝」的稱謂來標榜這種功績。「統一」也成為後世帝王衡量霸業成功與否的最高標準。為了實現統一的目標，統治者發展出一套精細的制度安排，包括統一權力（皇權至上），統一人事（官僚制），統一行政（廢封建，立郡縣），統一財政，統一思想（罷黜百家，獨尊儒術），統一人才選拔（科舉制），還有統一文字、度量、貨幣等等。沒有統一就沒有穩定和繁榮，這是大一統體制給國家帶來的好處，但是應該看到，這種體制也存在隱性的危害。對於經濟發展來說，最大的危害莫過於抑制了人們促進經濟增長的動力和創造力，導致中國在兩千年多年的時間裏都沒有發展出超越農耕文明的商業文明和工業文明。

當中國的強國家建立之時，經濟形態以農業經濟為主導，國家財政收入主要來源於農業產出，這就自然而然地形成了農本主義思想。農業成為官方經濟管理的焦點，經濟政策都圍繞着保證農業生產穩定和增長的目標制定，包括土地政策、勞動力政策、稅收政

策、農產品交易政策、糧食儲備政策,生產資料政策 (耕牛、農具、種子) 等。皇帝在春耕禮上親自扶犁;國家賦稅以糧食實物徵收;官員俸祿以糧食單位計價;寺廟、書院和學校給田以自養;歷代的農民起義讓統治者深以為鑒⋯⋯所有這些都在強調農業的重要性,當農業生產力低下的時候,農本主義當然是必要的。而當農業部門有能力創造越來越糧食剩餘時,工商業就得以發展起來。此時經濟發展政策也要相應地調整。然而,農本主義政策被國家權力強化之後就傾向於變成經濟領域「永恆而唯一的原則」,變成一種根深蒂固的思維定式,限制了統治者的想像力。在農本主義的指導下,統治者的政策有意或無意地壓制了市場力量的發展壯大 (圖 1-1)。

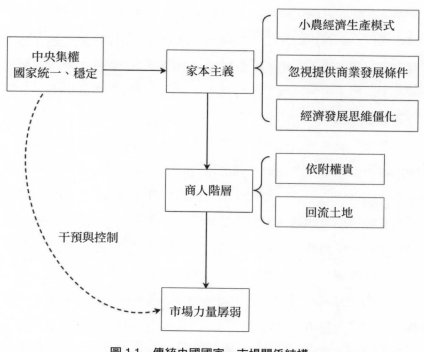

圖 1-1　傳統中國國家─市場關係結構

首先，在經濟管理領域，統治者把主要的注意力都放在了農業上。為了防止農民起義，他們刻意維持一個小農經濟的生產結構，土地政策實行平均地權，限制兼併，實現人人有田耕。而當土地兼併嚴重破壞了這個結構時，農民起義就會引發社會動盪甚至政權更迭。後世統治者有鑒於此，必然延續這種小農經濟模式。小農經濟是落後的生產方式，它使生產力長期維持在較低水平，農業產出剩餘有限制約了工商業的發展。同時，小農經濟還是自給自足的，基本生活產品都由農村生產，無法形成大市場刺激商業發展。

其次，農本主義讓統治者忽視了為商業提供必要的發展條件。商業的生產方式與農業有很大差別，農業生產主要依賴於土地和勞動力，而商業對交通、運輸、通訊、貨幣、關卡等方面的條件較為依賴，在這些方面，王朝的統治者很少能有效地提供，有時甚至不讓市場行為填補這個缺位，如在明代很長的一段時間裏，官方缺少有效的貨幣供應，但仍不准許民間用白銀交易。此外，統治者對生產技術發展不重視，手工業發展不起來，也令商業失去了多元化的投資機會。

第三，農本主義造成統治者固步自封。由於國家控制了市場，統治者的心態和理念在很大程度上決定了市場的運作方式、效果和水平。而他們的心態和理念又是從農業社會習得的。一個自己自足的農業社會追求的是穩定而不是冒險，這成為上下一致的心態。政權穩定成為統治者最高目標，為此，他們放棄了其他增進財富的機會，如鼓勵商業，刺激市場經濟，發展海外貿易等。

面對上述種種發展上的阻礙和約束，商人採取的策略主要有兩種，依附或者迴避。在傳統中國，政治權力只向士大夫開放，商人沒有任何政治權力，他們既不能參政議政，影響決策，也不能擔任

有實權的官職，但他們可以利用自己財富收買官員，通過攀附權貴為自己的經營活動謀求保護傘和賺錢利潤的機會。而國家也確實需要利用商人的才能來更有效率地實現其統治目的，例如為皇室採辦用品，為軍隊供應物資，代表國家與外國通商等。商人通過依附權力賺取了巨額財富，然而，如果權貴倒台，這些特權商人也會受到牽連，從此一蹶不振。

能夠攀附權貴的商人畢竟是少數，更多的中小商人依靠的還是自己的經營才能、商業信譽和家族資產。商業發展環境和制度保障的缺失使得財富積累過程緩慢而艱難。這些商人為了保障來之不易的財富，迴避政治權力的侵奪，傾向於購置較為安全的田產，作為自己和子孫的永久產業。商業利潤最終回流到農業中，商人兼而有地主的身份。商人無法擺脫舊有的生產方式，成為一個獨立的階級。因此，市場力量的孱弱導致了傳統中國政治經濟模式轉型的困難。

（二）西方：市場中的國家

在西方，國家—市場關係的歷史發展路徑與中國完全不同。在中世紀，國王通過分封土地來收買貴族的忠誠和順從。然而，貴族保留了武裝力量，向封地內的農民徵稅，並且掌管着地方司法，成為地方的實際統治者。限於當時落後的交通和通訊技術，中央王權難以有效地控制地方勢力，各地基本上處於自治狀態。到了 16、17 世紀，隨着軍事技術的進步、統治思想的進步，國王打擊貴族勢力，解散地方武裝，在中央建立行政官僚機構，在地方派駐中央任命的長官，王權得到強化。但與同期的中國相比，集權的程度仍然

較低，而且也不牢固，例如，將法國君主專制推向頂峰的路易十四（Louis XIV，1638-1715）去世後，君主權力就衰退了。西方國家始終沒有發展出像中國那樣的高度集權體制，由中世紀封建制形成的分權傳統延續至今。這種分權體制雖然不利於國家統一，但是卻有利於市場力量的生長（圖1-2）。

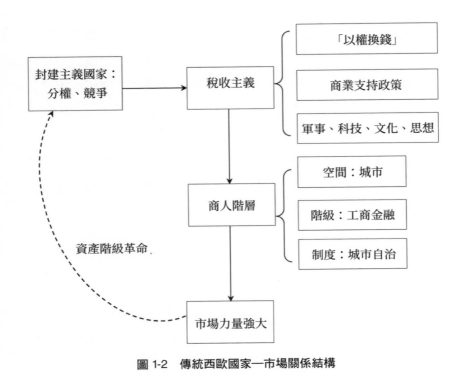

圖1-2　傳統西歐國家─市場關係結構

在分權體制下，中央王權無法命令地方按照其意願進行治理，各地方如何發展完全是根據地方的意願，這樣就形成了發展路徑的多樣化探索，而無需被統一的指令束縛實踐。各地區間是相互競爭的關係，為了擴充軍事力量和增加自己的消費，封建領主管理經濟

的原則很簡單，以增加稅收為第一目標，可稱之為「稅收主義」。只要能夠產生稅收，不論是農業、商業、銀行業還是手工業，統治者都樂於鼓勵，或者至少是不限制。統治者信奉的是實用主義原則，而不是既定的意識形態或者道德原則（這可能跟封建統治者讀寫能力普遍較低有關）。西方沒有中國主流意識形態中對商人和商業的輕視甚至鄙視，也沒有產生像中國那樣強大而佔統治地位的農本主義思想，西方的重農主義學派要到 18 世紀中後期才在法國出現（埃克倫德，2001：67），而且它只是一種經濟學說，並沒有上升到國家政策層面，影響力不大。

正是在這樣的分權體制下，市場力量所需要的空間、階級、制度就在權威的空隙中出現了。首先是空間。工商金融業和農業不一樣，它們具有集聚的特性，集中在某個地方會更有效率。於是定期集市很快就發展為城鎮，並吸引更多的人定居，包括那些從從農村逃出來的農奴。其次是階級。城市空間塑造了認同心理，他們有了共同的身份 —— 市民，他們在生產活動、思想觀念、文化和行為方式上完全不同於農村裏的領主和農民，他們是一個新的利益共同體，其中的一部分就是資產階級。最後是制度。由於城市人口不斷增加，管理的需求就產生了。對內如何管理城市，對外如何向封建領主爭取權利，需要合理的制度安排。於是有了市議會、市政管理機構，城市逐漸變為一種正式的行政建制，成為國家制度的一部分。經過城市空間、階級和制度的融合與演變，城市最終成為推翻封建制的大本營。

不僅是地方，中央王權同樣要依靠商人為他們籌集支撐起宮廷消費和對外戰爭的財政收入。在 16 世紀海上貿易發展起來後，工商業的重要性突顯，各國君主採取了鼓勵和支持貿易和航運事業發

展的政策。西歐國家間相互競爭拉攏各方面人才。例如，為西班牙國王發現新大陸和新航線的是意大利人和葡萄牙人。此外，還有無數的科學家、哲學家、商人、工程師和軍事家跨越國境流動，尋找最能促進他們事業成功的地方。

資產階級在經濟領域的影響力日漸強大，他們不再滿足於獲得國家的支持和庇護。國家雖然重視和支持商業發展，但是，封建主義體制本身是資本主義發展最大的阻礙。國王將大部分財政用於宮廷揮霍，或者出於好大喜功而不斷發動對外戰爭，導致債台高築，加重了資產階級的稅負。統治階級擁有的各種特權，如免稅權、司法豁免權、晉升優先權等，完全違背了資產階級所主張的自由、平等理念，更重要的是阻礙了資本和財富的積累。

於是，在英國，資產階級利用議會體制反對王權，建立了君主立憲制國家，儘管保留了國王，但是議會才是國家最高統治者。資產階級利用議會塑造符合他們需要的資本主義國家。在法國，資產階級沒有英國那種議會制框架，只能走底層路線，利用農民和市民暴動奪取政權，建立了一個徹底與封建主義決裂的新制度。儘管有拿破崙稱帝、王朝復辟，大革命成果都被保留了下來，奠定了建立資產階級法國的法律和政治基礎。

（三）孰優孰劣？

比較分析不可避免地要對比較對象作出孰優孰劣的判斷，因為我們總是希望能從歷史和別國的經驗中汲取營養，為己所用。不過，做優劣的評判需要小心，一是不能脫離具體歷史背景進行評判，更加細緻的辨析，不能一概而論。二是不能忽視了制度的系統

性，對他國有效的某種制度不一定適用別國，因為在另外一個國家可能缺少其他制度的支撐。

在中國和西方保持着相互隔絕狀態的年代，各自的政治經濟體制無所謂優劣之分，因為各自的體制都是與它們面臨的地理環境、周邊關係、經濟結構、技術水平、意識形態等等因素相適應的，它們自成一體。然而，交通技術進步帶來的全球化浪潮打破了各大陸的地理隔閡，中國和西方注定要將各自的體制擺上擂台一決高下。1840 年之後的歷史證明中國的政治經濟體制確實落後了。

西方有的學者把 1600-1900 年稱為中西大分流時期，自那以後，西歐國家的綜合實力超過了中國。比較中西方在這段時期的制度構建，可以發現，中國綜合實力走下坡路的很重要一個原因在於：大一統體制導致競爭缺失。這裏的競爭主要指思想和實踐上的競爭。沒有競爭，更有效的治理方式和解決方案就無法從因循守舊的習慣性做法中脫穎而出，社會和國家就難以進步。在當時的條件下，由皇帝和官僚組成的核心統治集團的首要目標是保持政權穩定，而思想和實踐上的競爭會破壞這種目標。成熟的教育、科舉、官僚、行政、宗族、禮儀等等制度塑造了一個思想和行為都相當一致的社會。與官方意識形態和慣例不同的做法都被認為是異端並加以攻擊。這種制度結構阻礙了任何重大的創新，統治集團狹隘的思想極大地縮小了可供王朝選擇的發展路徑。

相比之下，西歐國家的崛起得益於競爭，而且是殘酷而血腥的競爭。歐洲崛起的過程充滿了各類戰爭，如宗教衝突、王位繼承、農民起義、爭奪霸權等等，歐洲比同期的中國更加動盪，更加混亂，更加分裂。但是，很多研究認為，正是這種激烈競爭的環境催生了歐洲國家的「軍事—財政體制」。而這種體制與現代國家的

構建關係甚大（維斯和霍布森，2009）。由於軍事上的爭霸，歐洲的君主們需要儘可能多的財政資源支持自己的戰爭，賦稅的徵收要更加全面和規範，財源需要更加精心的管理和開發，於是統計、稅務、行政、貨幣、會計等一系列現代管理制度和機構得以改進和完善。戰爭還對科學技術產生了需求，由此數學、物理、化學、地理、測繪、天文等等學科加速發展。總體而言，西歐的多國體系和國內的分權體制無法統一整個社會的思想和行動，也無法阻止競爭，競爭帶來了思想和行為的多元化，這為國家發展創造了更多的可能性。

儘管西方體制在近代顯現了強大的力量和優勢，但我們不能根據上述的歷史比較分析證明中國的大一統體制完全失敗了。實際上，即使在近代遭受了來自西方文明如此巨大的衝擊之後，中國仍然沒有形成永久的分裂，而是在 1949 年之後又重新建立了一個大一統政權，這難道不是另外一種勝利嗎？

第二章

中國經濟發展模式

的結構

一、從「華盛頓共識」到「北京共識」

　　發展與進步是人類社會的永恆主題。在追求發展的道路上，人類一直不懈地探索行之有效的方法。那些最先取得成功的社會常常是其他社會效仿的榜樣。近代以來，以歐美為代表的西方世界率先實現了工業化和高質量的生活水平，時至今日，它們仍主導着世界的發展進程。這些西方發達國家很自然地成為了後發展國家希望參照的模板，西方的政治經濟體制、物質商品以及思想文化在全球大行其道。1980 年代，新自由主義思想在西方世界興起，掀起了全球化浪潮，並形成了世界經濟在 1990 年代的繁榮，根據這一經驗，西方學者們提出了他們認為對世界各國發展具有普適意義的「華盛頓共識」（Washington Consensus）（Williamson, 1990）。華盛頓共識認為，一些特定的經濟政策對發展中國家的經濟增長至關重要，包括消除價格管制和金融市場管制，降低貿易壁壘；減少政府的經濟干預，尤其要將國企私有化；嚴格控制貨幣供應量，保持宏觀經濟穩定；緊縮財政，減少政府補貼，消除財政赤字。華盛頓共識的政策列表反映了新自由主義的經濟思想：審慎的宏觀經濟政策，外向型經濟，自由市場資本主義，弱化國家在發展中擔任的角色（Cheng, 2017）。

　　然而，就指導國家經濟轉型而言，新自由主義似乎敗績多於成績。在拉美，奉行華盛頓共識的國家並未迎來經濟曙光，其普適性

遭到質疑。在前蘇聯，新自由主義開出的改革處方導致經濟陷入混亂，並成為蘇聯解體的直接誘因。在東亞，成功實現經濟起飛的日本、韓國、中國台灣地區也並未遵照新自由主義的原則行事。最重要的是，2008 年源於美國的金融危機席捲全球，至今仍餘波未了。這一危機是對新自由主義經濟學的巨大諷刺，人們不禁對原有的經濟信念產生了懷疑和動搖。事實證明，華盛頓共識及其新自由主義思想並非放之四海而皆準，發展中國家也一直沒有停止尋找新的發展道路。

中國改革開放以來的經驗正在改變一切。一邊是華盛頓共識四處碰壁，另一邊則是中國的快速崛起。中國是世界上人口最多的國家，自 1970 年代末期開始的改革開放政策，使中國經濟穩步起飛。圖 2-1 對比了中國、日本和美國在 1978 年至 2018 年間 GDP 年度增長率的趨勢。在此期間，中國經濟增長率絕大部分時候都維持在 5% 以上，最高的時候曾一度達到 15%。與之相反，美日兩個世界經濟大國的增長率大部分時候維持在 5% 以下，有時甚至出現了負增長，尤其是在 2008 年的金融危機發生後，美日兩國的 GDP 增長率跌落到整個時期的最低水平。在過去 40 年裏，中國與美國的經濟差距持續收窄。在改革開放初期的 1980 年，以市場匯率計算的中國經濟規模只有美國的 1/10，到 2010 年，中國以市場匯率計算的 GDP 超過了日本，但此時美國的 GDP 仍然是中國的 2.52 倍。兩年後，這個比率降低到 1.96，2015 年進一步下降到 1.63，此時中美的 GDP 分別為 10.98 萬億美元和 17.95 萬億美元。國際貨幣基金組織預測，到 2021 年，兩國的 GDP 比率將進一步下降到 1.28（Zhang & Feng, 2019）。

一個經濟體的快速增長表現總會引起研究者們的極大興趣，

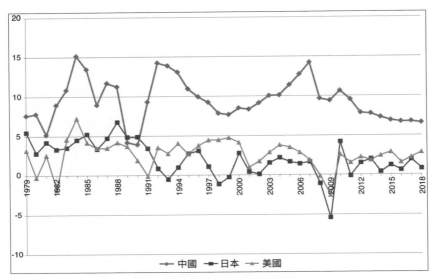

圖 2-1　中日美的經濟增長率趨勢（1978—2018）

數據來源：世界銀行

並由此衍生出各式各樣的理論。例如，作為二戰戰敗國的西德在
1950-1970 年間平均每年增長 12%（黃梅波，2019），研究者將西德
的經驗總結為社會市場經濟（或者協調市場經濟），它強調以個人
自由、保護私有財產為基礎的自由市場經濟和競爭，同時又強調保
障每個公民社會權利和平等發展機會的社會福利制度，以及不同利
益集團之間的和平共處與合作、社會的團結、共同富裕（朱民等，
2019）。同樣，從 1955 年到 1975 年，日本國民生產總值（GNP）由
240 億美元增至 5492 億美元，增長了近 23 倍。其人均國民收入
也從 1955 年位居西方國家第 34 位，到 1968 年一躍而成僅次於美
國的第二經濟大國。儘管在「尼克遜衝擊」和「石油危機」的衝擊
下，日本經濟結束了其持續高速的增長期，但日本經濟與其他西

方先進國家相比，還是更快地戰勝了第一、二次「石油危機」。日本經濟的適應能力及其「日本型經濟體制」開始為世界所矚目（宋磊，2014）。而到了 1960-1970 年代，隨着亞洲「四小龍」（韓國、新加坡、中國香港、中國台灣地區）經濟的崛起，一種叫「東亞模式」的經濟發展路徑又隨之誕生。後來又形成了所謂的發展型國家理論。

　　中國並沒有照搬華盛頓共識的教條發展經濟，這讓人們意識到中國經驗具有特殊性，華盛頓共識之外還有其他成功的發展道路可循。國際上的這種認識集中反映在 2004 年拉莫（Joshua Cooper Ramo）提出的「北京共識」上，這一概念與華盛頓共識針鋒相對。北京共識有三個關鍵特徵：一是發展以創新為基礎；二是注重經濟增長的可持續性，在發展經濟的同時兼顧社會公平；三是獨立自主地發展，拒絕他國強加的意志（Zhao, 2017）。中國在發展的同時維持了自己的生活方式和政治體制，在這方面，它是其他國家的典範。主流經濟學家日益認同中國提供了發展中國家實現現代化的另一種樣板，這種模式有別於當今的自由市場資本主義（Guan & Ji, 2015）。北京共識本身不是一個理論，它只是對中國發展經驗的一個不完全概括，但它引起了國際社會對中國模式的關注和熱議。十餘年間，不斷有國內外學者試圖從各種角度和理論範式闡釋中國經濟增長之謎。回顧這些理論不僅有助我們從多角度審視中國經濟增長的特徵，更重要的是，有助於釐清其中的真知與誤解，撥雲見日，看清楚一個更真實的中國經濟。

二、理論競爭 —— 誰能解釋中國經濟？

　　解釋中國的經濟發展模式並不是一件容易的事情。國內外的學者經常發現他們沒有恰當的術語、概念和理論來描述中國獨特的政治經濟體系。他們必須借用西方發展起來的，用於解釋西方各種政治經濟體系的理論，來解釋和理解中國的體系。資本主義、自由主義、馬克思主義、凱恩斯主義、法西斯主義和國家社團主義等術語和概唸經常被列入清單。我們可以對嘗試解釋中國經濟模式的諸多理論做一簡單分類（如圖 2-2）。首先它們可以分別歸為兩大範式，即新古典經濟學範式和政治經濟學範式，在各範式之下，則存

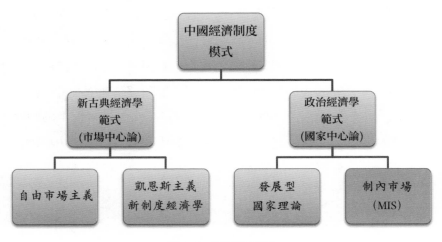

圖 2-2　理論的分類

在許多理論流派。下文會對這些流派的主要思想、解釋力以及缺陷進行簡要分析，從而為下一節提出我們的自己的解釋（制內市場體系，MIS）（Zheng & Huang, 2019）提供一個理論參照系和定位。

（一）新古典經濟學範式

1、自由市場主義

十九世紀初，政治經濟學學科最終形成，其重點是將構建自由市場作為獨特的研究領域。這一新學科繼承了前人在方法論上的市場—國家兩分法：以市場為中心的方法將經濟視為基於市場的過程，以及以國家為中心的方法將重點放在市場過程的權力介入或政治方面。

從廣義上講，以市場為中心的方法有許多思想家代表，這些政治經濟學家包括古典學派（如亞當·史密斯和大衞·李嘉圖），新古典主義學派，再到當代的新自由主義經濟學家。對於市場的自我調節能力，以及在特定社會背景下國家採取的自由放任政策，存在許多激烈的爭論。在經濟思想史上，十九世紀的古典政治經濟學家第一次將經濟視為原則上可與宗教、政治和其他社會領域（例如家庭生活）相分離的系統。他們認為市場是一個自治的領域，並假定與國家相比，市場體系的運行具有更高級和更普世的秩序。經濟與國家和其他社會組織的分離意味着，即使市場與社會不斷互動，經濟與社會的其餘部分之間也存在明確的界限。

自 19 世紀末以來，由阿爾弗雷德·馬歇爾（Alfred Marshall）創立的新古典主義理論繼承了這一方法論傳統，將經濟視為可分離的社會秩序體系；與國家相比，經濟在一個更高的層次上運行。與

早期的古典思想家不同，新古典經濟學家擺脫了自然法思維，通過將市場的基本原理與人類行為的實證主義法則，以及需求—供給的數學理論聯繫起來，市場概念發展到了更抽象的層面。沿着這一思路，追隨者們進一步根據「市場失靈」和「公共物品」的概念來界定政治學與經濟學的關係：國家行為被劃定在有限領域內，僅服務於市場的平穩運作。對於新古典思想家而言，經濟學主要研究私人交易行為，交易的目標是追求個人效用和利潤最大化，而國家則是一個次要參與者，負責確保市場根據社會利益有序運作。

經濟的分離性並不意味着它與社會生活的其他方面獨立，也不意味着經濟可以孤立存在。即使是那些最執着於市場自我調節思想的經濟學家也認為，市場要依賴於國家獲得維持自身運轉的一套規定（儘管數量有限）。史密斯堅持認為，國家不僅要維護內部秩序和抵禦外國入侵，還要承擔大量公共工程，因為有些工程規模太大，私人部門缺乏必要的資金。分離並不意味着完全的自治，也不意味着經濟生活中沒有國家介入。但是，顯然，無論古典經濟學家還是新古典經濟學家給國家分配的角色是甚麼，主導着社會秩序的應該是市場而非國家。

上世紀八十年代以來，自由主義經濟學家在中國傳播了他們的學說，海耶克、佛利民等人的著作成為中國自由派經濟學家的「聖經」。這些思想深刻地影響着中國的改革政策，包括國有企業、私營企業、地方財政、勞動力市場、投資與貿易在內的諸多經濟領域，市場化、私有化、去中心化成為普遍的改革處方。基於 1980 年代激進的權力下放、私營部門的快速發展，以及 1990 年代發生的民營化過程，自由主義經濟學家認為，所有這些自由主義政策都促進了中國的經濟增長。在他們看來，這些事實似乎表明，中國在

經濟改革中遵循並應該遵循新自由主義。不可否認，中國的經濟改革的確是以市場為導向的，其目標是將計劃經濟轉變為具有「中國特色」的市場經濟。經過四十來年的改革，中國的確日益融入世界經濟體系，但是中國並未發展成西方式的政治經濟體系。儘管市場機制目前在經濟部門中起着重要作用，甚至在某些社會部門（例如衞生、教育和住房）中亦是如此，但中國的政治經濟體系已經發展並具有自己的特徵。很顯然，在轉型過程中，國家主導了經濟改革，並始終把握着主動權，國家扮演的角色不是被動的，而是積極的。就這一點而言，自由主義經濟學所主張的國家觀並不符合中國的實際情況。總體而言，西方的政治經濟體系主要側重於市場，而國家權力是中國政治經濟體系的核心。

2、凱恩斯主義

自由市場主義邊緣化了國家的作用，賦予其一個被動的、次要的角色，國家的存在僅僅是為了協助資本主義市場經濟的發展。長期以來，這種意識佔了上風。然而，隨着 1930 年代西方經濟大蕭條的爆發，人們改變了國家在經濟生活中所扮演角色的想法，並導致主流經濟學的巨大變化。凱恩斯（John Maynard Keynes）在 1936 年出版的《就業、利息和貨幣通論》中提出，投資需要「某種程度的全面社會化」，以使資本主義體系擺脫長期失業導致的危險。凱恩斯主義不僅是對大蕭條的一種反應，與此同時，通過賦予國家新的角色，它想將新的元素引入主流經濟學。在凱恩斯的「通論」之前，主流的古典和新古典經濟理論認為，經濟體系以普遍均衡的狀態存在，這意味着經濟體自然地消費其生產的任何產品，因為消費者的需求總是大於經濟滿足這些需求的能力。凱恩斯主義者認為，在短

期內，生產活動受總需求（經濟總支出）的影響，總需求不一定等於總供給（經濟總生產能力）。相反，它受到許多因素的影響，並且有時偏離規律，從而影響生產、就業和通貨膨脹。他們還認為，私人部門的決策有時會導致無效的宏觀經濟結果，這需要公共部門採取積極的政策應對措施，尤其是中央銀行採取的貨幣政策措施，以及政府為穩定經濟週期中的產出而採取的財政政策措施。因此，凱恩斯主義經濟學倡導「混合經濟」（Mixed Economy）—— 由私營部門主導經濟運行，但在經濟衰退期間要發揮政府干預的作用。

在大蕭條後期、第二次世界大戰和戰後經濟擴張時期（1945-1973 年），凱恩斯的思想在發達國家被廣泛接受，成為美國羅斯福「新政」及戰後西歐重建的標準模式。但經歷了 1970 年代的滯脹之後，它對推動新古典主義的綜合失去了一定的影響力。有趣的是，2008 年爆發的全球金融危機使凱恩斯主義思想在發達和發展中國家重新興起。在當代中國，凱恩斯主義具有同樣的吸引力。每當經濟增長缺乏動力時，尤其是在發生經濟危機時，政府通常會求助於凱恩斯主義政策。確實，大規模的政府投資一直是危機期間中國經濟增長的主要動力來源。從這個意義上講，中國經濟模式類似於凱恩斯主義倡導的「混合經濟」。

儘管凱恩斯主義與中國政策有相似之處，但兩者之間在結構上存在重要差異。在凱恩斯主義體系中，國家擴大了其在經濟運行中的作用，但並沒有取代市場。儘管凱恩斯主義賦予國家在應對經濟問題時的重要角色，但市場體系仍然是經濟運轉的主要機制。從這個意義上講，凱恩斯主義是西方主流經濟學的補充。相反，在中國特有的政治經濟體系中，儘管市場發揮着重要作用，但它必須服從國家意志並在國家設定的範圍內運作。把中國的經濟政治系統稱為

「凱恩斯式」的說法具有誤導性，因為在中國，政府投資不僅用於促進經濟增長或成功應對危機；更重要的是，它增強了政府調節和約束市場的能力。

3、新制度經濟學

新制度經濟學（NIE）是一種經濟學觀點，它聚焦於經濟活動背後的社會和法律規範、規則，試圖以此來擴展經濟學研究，其分析的內容超越了早期的制度經濟學和新古典經濟學。NIE 建立在一套複雜的方法論原則和標準之上。NIE 經濟學家在修改後的新古典主義框架內研究效率和分配問題。NIE 分析涵蓋了廣泛的主題，包括產權、交易成本、可信承諾、資產專用性、社會資本、信息不對稱、機會主義、逆向選擇、道德風險、合約保障、合謀誘因、討價還價能力等等。儘管尚未形成統一且通用的定義，但大多數根據 NIE 方法論原則和標準進行研究的學者都遵循諾斯（Douglass North）對制度和組織的劃分。制度是「遊戲規則」，由正式的法律規則和非正式的社會規範組成，後者規範着個人的行為並構造了社會互動的制度框架。相比之下，組織是一羣人以及他們構建的治理方式，目的在於協調他們的集體行動對抗其他羣體構成的組織。企業、大學、俱樂部、醫學會、工會等都是典型例子。但是，由於某些制度框架在現實中總是「嵌套」在其他更宏大的制度框架內，因此在實際情況下，這種劃分始終是模糊的。

NIE 在當代中國產生了巨大的影響。其影響力不斷增強的背後有幾個原因。首先，與其他主流經濟理論相比，NIE 更接近中國經濟的現實。儘管主流經濟理論在課堂上很流行，但中國學者發現它們通常與中國的經濟現實關係不大，無法增進對中國經濟

領域正在發生的事情的理解。其次，它的影響也與「制度」的概念有關。後毛澤東時代的經濟改革被定性為制度改革。當代中國學者呼籲重視 NIE，不僅是因為它具有解釋中國經濟現象的方法論能力，更重要的是，對於如何改革舊經濟體制和建立新體制等問題，NIE 提供了一些線索。第三，與在西方國家一樣，NIE 受到自由主義經濟學家的追捧。在 NIE 眾多探索的領域中，最受中國學者關注的是組織安排、產權、交易成本和可信承諾等方面的內容。其中，私有產權的概念得到特別的強調。第四，一些中國學者已經形成了共識，認為以市場為導向的制度改革不應盲目遵循 NIE 的處方，而應創新並適應中國的初始條件。對於 NIE 而言，正是重要的法律和體制改革的適應性調整，例如依法保障合約的執行和對私有財產的保護，為中國驚人的經濟增長和結構轉型作出了貢獻。

與其他經濟學派一樣，NIE 對中國經濟增長的解釋仍然是基於「普適的」西方市場概念的一系列事後解釋。儘管中國的經濟轉型確實如 NIE 預測的那樣，出現了許多以市場為導向的制度變革，但它們也許並不能準確預測中國的現代經濟轉型。從使用可強制執行的合約到界定明確的產權和有限責任，在不同的時期和地區，傳統上中國經濟也具備了現代市場經濟的許多制度特徵，但卻從未產生持續的工業發展，更不用說現代資本主義體系了。在許多工業化項目失敗的例子中，國家能力的缺失通常起着關鍵作用。同樣，學者們研究了法律和契約在當代經濟轉型中的作用後發現，近幾十年來中國的經濟轉型從總體上而言並非法律改革的產物；相反，是經濟變革導致了法律變革。儘管無意於否定 NIE，但我們必須指出它的一個缺陷：它對國家在中國經濟生活中的作用過於簡單化了。帝

制時代和毛澤東時代晚期構建國家和市場關係的歷史經驗對中國當代的政治經濟體系產生了重大影響。

NIE 可以解釋中國經濟的某些部分，而不能解釋另一部分。像其他西方經濟學思想流派一樣，NIE 也是基於西方經濟運行經驗建立起來的。NIE 理論的所有方面都是西方經濟學發展的產物。從這個意義上說，NIE 與從古典到當代新自由主義的其他經濟學流派並沒有甚麼不同。當 NIE 經濟學家將理論擴展到解釋非西方世界的經濟時，其解釋力往往會受到限制和削弱。我們認為，NIE 同樣沒有告訴我們中國的政治經濟體系是如何運作的。

（二）政治經濟學範式

1、新古典與政治經濟學的分野

古典和新古典經濟學家將社會秩序分為經濟和政治兩個獨立的、分離的領域。在經濟學家構建概念和理論的過程中，這種兩分法是有用的分析工具。儘管經濟與政治、市場與國家、企業與政府之間存在邊界，但是它們是如此緊密地依存，以至於每個領域在沒有其他領域的情況下將無法運作。馬克思（Karl Marx）是少數幾位認為經濟與政治密不可分的政治經濟學家之一。他觀察到，資本主義的經濟學主要是由其生產動力所產生的「矛盾」所主導，而其政治是由其分配方式所產生的「階級鬥爭」所主導。資本主義不僅是純粹的經濟秩序，它更是一種政治秩序。

馬克思主義是對經典市場中心論的回應。與古典經濟學家一樣，馬克思本人也極為強調經濟力量在推動歷史變化中的作用。然而，通過強調國家與市場領域之間的真實關係，他對市場自我調節

的古典思想進行了批判。馬克思無意論證國家管制資本主義的合理性，而是試圖證明資本主義從長遠來看是不可行的。馬克思並沒有賦予國家一個偉大的角色，因為他認為國家只是資產階級的代理人。相反，他非常強調階級，他認為階級是資本主義的自然產物。

馬克思之後的學者，或者說新馬克思主義者，已經發展出一種「國家中心論」，試圖以此推翻將經濟視為獨特存在的古典思想。這種方法以權力的使用來區分政治學，並通過尋找經濟中的權力證明「經濟是政治的經濟」。「政治經濟」一詞引起了新的強烈共鳴。這種方法主張經濟具有政治屬性，而且這種政治屬性一直存在，不管市場是否受到政府監管。

儘管引入市場失靈概念，古典經濟學也賦予了國家在經濟中的角色，但對於馬克思主義理論家來說，在設定政治在經濟中的角色時，國家中心論不需要以市場失靈概念為出發點。這種理論假設國家有自己的目的，而追求這些目的會對經濟事務和經濟制度產生影響。因此，國家可能試圖控制經濟，而不是糾正市場失靈，從而實現自己的目的。政治經濟是以政治要求而不是經濟要求為出發點，意味着經濟要服從於政治議程。

對於馬克思主義而言，市場經濟與其說是普遍使個體私人利益最大化的機制，還不如說是幫助資本家剝削剩餘價值和積累資本的一種手段。市場作為一種社會制度是有意義的，因為它使自我能力強化和私人資本積累成為可能。如果從古典學派到當代新自由主義的經濟學家聚焦於研究生產過程，那麼，馬克思主義學派則以另一組重要的問題挑戰主流經濟學：制度是否公平？誰從資本主義生產過程中受益？誰在不公平交易的過程中輸了？

從經濟和政治，對從古典學派到當代新自由主義的經濟學家來

說，市場都是中立的和非政治的。對於馬克思主義經濟學家來說，經濟卻是政治的。誰從事經濟活動和操控市場？這個馬克思主義之問具有重要意義。它將政治維度引入到市場過程中。確實，在中國政治經濟學傳統中，一個重要的問題始終是：由誰操控市場——國家還是私有個體？這在當代中國仍然很重要，因為國家部門（行為主體是國家機構）與私營部門（行為主體是私有個體）的政治關係已經主導了經濟領域。

2、發展型國家理論

在二戰結束後的幾十年裏，東亞地區成為世界經濟中最具活力、成長度最高的地區，「東亞奇跡」一詞就應運而生。人們不禁要問：東亞的政治經濟體系是如何創造奇跡的？哪種政治經濟學理論可以解釋東亞奇跡？對於新古典主義學派而言，不需要新的理論來解釋東亞奇跡，新古典經濟學就可以完成這項任務。其他社會科學領域（例如政治學、社會學和商業管理）的學者不滿於新古典主義的解釋，試圖給出其他解釋。詹鵯（Chalmers Johnson）最先研究了日本通產省（MITI）在促進日本經濟發展中所扮演的角色，並以此案例研究為基礎發展出了資本主義發展型國家（Developmental State）理論（Johnson, 1982）。在詹鵯之後，其他學者也在關於其他東亞經濟體，尤其是東亞「四小龍」的研究中發現了類似的證據。例如，哈桑（Parvez Hasan）在對韓國的研究中聚焦於國家的作用。梅森（Edward Mason）和他的合著者在研究東亞政府與企業的關係時得出了類似的結論。韋德（Robert Wade）利用東亞經濟體，特別是中國台灣地區的證據，發展出他所謂的「管制型市場理論」（Governed Market Theory）。

發展型國家理論強調資本積累是增長的主要動力，並將東亞的卓越表現解釋為一種特殊的投資水平和結構的結果，它異於在新古典理論和「干預主義者」制定的經濟政策下得到的結果，而這些政策卻被許多其他最不發達的國家採納。東亞政府的政策故意扭曲某些價格，以改變分散的市場主體響應的信號，同時使用非價格手段來改變市場主體的行為。由此產生的高投資水平導致機械設備的加速周轉，並使更新的技術快速應用到實際生產當中。

　　發展型國家理論、新古典理論及其各種綜合論都試圖解釋中國。顯然，甚麼理論適合中國取決於人們關注中國發展的哪些方面。如果把重點放在基層私營部門和市場體系的發展上，那麼改革時代的中國就符合新古典理論的判斷。相反，如果集中研究國家在私營部門和市場體系發展中的作用，那麼中國經驗就符合發展型國家理論的判斷。收集充分的證據支持新古典理論或發展型國家理論並不難。然而，至少基於兩個理由，我們可以否定發展型國家理論完全適用於對中國經濟的解釋。首先，在東亞模式中，儘管有協同的產業政策和諸如「經連會」之類的中介機構，但國家與市場之間仍然存在邊界。東亞模式的關鍵問題不是國家或市場是否應該存在，而是國家在經濟中應扮演甚麼角色。相比之下，中國政治經濟體系的獨特之處在於國家對市場的支配地位。其次，東亞模式的核心是國家與私營部門之間的關係。當然，中國也有這個層面。但是，除此之外，中國還具有其他東亞經濟體所缺乏的一些結構性條件，例如由中央管理的國有企業、主導區域經濟發展的地方政府，以及仍然強大的國家經濟規劃部門（如國家發展與改革委員會）。這些因素可以改變國家與市場以及國家與私營部門之間的關係。

三、中國的制內市場體系

在上一節，我們簡要討論了基於西方發達國家和東亞新興經濟體經驗構建的各種政治經濟理論。我們認為，這些理論都不能很好地解釋中國的經濟發展模式。中國的政治經濟是中國歷史、哲學和文化的產物。在中國悠久的歷史中，一直存在着自己的發展邏輯，它是中國政治經濟體系實踐的基礎。我們相信，中國的政治經濟學方法一旦被概念化和理論化，就能夠比任何起源於其他地方的理論更好地解釋當代中國經濟。

（一）中國的「國家—市場」結構特徵

政治經濟體系是關於國家與市場之間關係的一系列制度安排。中國的政治經濟體系由一套特定的機制調節國家和市場。與全球其他政治經濟體系相比，它具有自己獨特的結構特徵。我們希望強調中國政治經濟體系的一個主要特徵，即國家統治市場，或者說，市場在國家統治之下。我們用術語「制內市場」（Market in State, MIS）來概括這個特徵。通過這個術語，我們試圖概念化在中國的政治經濟體系當中，國家對市場的主導地位。首先，MIS 方法區分了兩個市場概念：市場體系和作為社會領域的市場，這種認識對於市場在制度層面上的合法存在至關重要。國家允許市場存在並發揮其

作用。其次，國家和市場共存於同一個混合經濟體系之中。第三，市場總是在國家設定的規則和界限內運作，但是國家可能經常違反市場設定的規則和界限。在西方和東亞的政治經濟體系中，國家與市場之間都存在邊界，市場領域是自治的。這兩種系統之間的區別在於國家對市場的滲透程度：在西方，市場領域的邊界受到法律和政治文化的保護，而在東亞經濟體中，法律和政治文化都允許國家深入市場領域。在這兩個系統中，儘管國家已經發展出不同的手段來干預和規範經濟活動，但它必須遵循市場原則。從這個意義上講，國家必須待在市場設定的界限之內。相比之下，在中國，雖然原則上國家與市場之間存在界限，但市場不是自治的，其功能有時不受法律和政治文化的保障；它必須在國家設定的界限內才能生存。就韋伯（Max Weber）的「理想類型」而言，可以說中國經濟體系的特徵是「國家中的市場」，而西方的政治經濟體系的特徵是「市場中的國家」，而東亞國家實體則是通過市場和國家的相互滲透來表徵。

在將中國與西方及東亞政治經濟體系進行比較時，出於兩個原因，我們既關注概念層面又關注經驗層面。首先，通過同時考慮兩者，我們將看到經濟學家如何構建他們的概念和理論。我們認為，儘管經濟學家經常在抽象的層面上構建其概念和理論，但他們的思想和推理不可避免地受到他們所生活的經驗影響。因此，我們區分兩類經濟文獻：一類來自經濟學家，另一類來自經濟史學家。其次，儘管傳統中國沒有發展出經濟學或政治經濟學這樣的現代學科，但這並不意味着中國對經濟現象沒有獨到的見解。相反，我們可以爭辯說，中國有自己的「經濟學」來處理經濟問題。但是，現代經濟概念往往不怎麼理解中國的經濟學學科，甚至對此有不當的

誤解。中國經濟思想家沒有系統的思想體系，這一事實意味着他們的經濟學與西方經濟學截然不同。對於許多西方國家而言，中國思想家最多只能對經濟提出一些隨機的想法。我們試圖將這些看似隨機的思想匯集在一起，以使中國的經濟學學科發展成為更加系統的經濟學知識體系。此外，在將當代中國的政治經濟體系概念化為「制內市場」時，我們還試圖反映其實際功能並抓住這一獨特體系的本質。

（二）制內市場體系

今天，西方把中國看成是「國家資本主義」。但如果我們梳理一下從漢朝到當代中國的經濟形態，就會發現中國幾千年來一以貫之地存在着一個比較有效的政治經濟體制。稱它為「資本主義」也好，「市場經濟」也好，中國一直以來都有一個三層市場或者三層資本共存的大結構。頂層永遠是國家資本；底層的都是自由民間資本，像今天的中小企業；還有一個中間層面，就是國家跟民間互動合作的部分。在這個結構中，一些關係到國民經濟支柱的領域，國家一定要佔主導地位，但是大量的經濟空間會放給民間自由資本；而在中間層，政府和民間資本積極互動，有合作也有競爭。

通過這樣三層的資本結構，政府維持與市場之間的平衡，並履行經濟管理的責任。在中國漫長的歷史中，只有四個比較短的時期走了經濟國家主義化的極端，即國家完全佔據主導地位、市場幾乎被消滅：第一個是兩漢之間的王莽改革時期，第二個是宋朝王安石變法時期，第三個是明朝朱元璋的改革，第四個就是改革開放前的

計劃經濟時期。除了這四個時期外，中國的國家—市場關係基本上都是相對平衡的。應當指出的是，即使是在這四個時期，政府壟斷經濟的出發點仍然是更有效地進行經濟管理、促進經濟發展。政府承擔發展的責任這方面是一以貫之的。

上述三層資本共存的結構也決定了中國市場一定要服從國家治理的規則。市場是存在的，但不是西方早期資本主義那樣的完全自由市場，而是被規管的市場。近代以來，西方的市場儘管也是受到規管的，但基本上還是資本佔據主導，即使政府也要服從市場原則。在這個意義上，中國最好的經濟學著作就是《管子》。如果要解釋中國幾千年的經濟歷史，《管子》比西方任何經濟理論都有效。例如，西方經濟學講供需關係，但供需主要是靠市場調節。後來凱恩斯強調政府在這一過程中也要扮演角色，但市場仍然是主體。《管子》不講「供需」，而講「輕重」，調節「輕重」的角色便是政府，而非市場。

建國之後的一段時間裏，毛澤東也曾經想繼續用「革命」的手段來解決「發展」問題，但並未成功。改革開放以來，中國是當代世界少數幾個成功解決了「國家與發展」問題的國家。實際上，改革在潛意識上可以說是對中國傳統政府與市場關係的創造性回歸。從中國歷史的傳統來看，1980年代的改革不是無源之水，而具有必然性。正是這一深遠的政治經濟傳統，使中國與其他國家區分開來。中國與西方區別出來，是因為中國儘管向西方學習市場經濟，但不會放棄國有企業作為有效推動經濟發展的手段，也不會放棄政府對經濟活動的有效干預。中國與蘇聯和東歐社會主義國家區分開來，是因為中國不會像這些國家那樣通過簡單的政治手段（政治開放和民主化）和「大爆炸式」的經濟手段（政府退出經濟活動和激進

私有化）來幻想謀求經濟發展。同時，中國也與許多發展中國家區分開來，不會幻想依賴西方來謀求發展。

今天，西方不承認中國的市場經濟地位是從西方的意識形態借鑒出來的。但中國怎麼變也不會變成西方那樣的市場經濟。中國還會繼續是上述三層資本、三層市場結構，互相協調着往前發展。較之西方體制，這一結構有它自身的優劣。中國一些經濟部門（主要是國有部門）的效率會比西方市場經濟差一點。但必須指出的是，西方的公共部門（相當於中國的國有企業）效率也是成問題的。中國經濟的效率和創新能力主要在底層的自由企業和中間層。中國的三層結構經濟體的優勢在於：能夠預防大的經濟危機或者市場失衡、能夠建設大規模的基礎設施、能夠大規模有效扶貧等。西方資本主義，正如馬克思分析的那樣，不可避免地會爆發週期性的經濟危機，比如 1930 年代的大蕭條，1997-1998 年的亞洲經濟危機，2007-2008 年的全球性經濟危機等。中國過去 40 年基本上沒有經濟危機，跟這個政治經濟體制的調控能力有關係。改革開放 40 年以來，中國已經取得了巨大的經濟成就，從鄧小平所說的「貧窮社會主義」躍升為世界第二大經濟體，使七億多人脫離貧窮。要理解這一奇跡，首先要理解中華文明的政治經濟觀念及其所演化出來的政治經濟體制。

（三）三個層次的市場

在制內市場體系中，國家統治市場的手段並非如計劃經濟時代那樣自上而下、整齊劃一；相反，治理手段呈現多樣化、複雜化的趨勢。在後改革時代，國家通過分層治理的方式使國民經濟獲得了

更大的靈活性和活力。正如前文所述，中國自 1970 年代末以來，逐漸發展出多層次共存的國家—市場互動空間，也就是三個層次的市場：中小規模私人經濟興盛的草根層市場，由國家壟斷力量和戰略部署支配的國家層市場，以及容納國家機構和私營主體緊密互動的中間層市場。

1、草根層市場

從 1978 年開始，中國經歷了三波市場化的浪潮。第一波發生在 1980 年代，市場化改革發端於作為中國經濟體系邊緣的農村，數百萬草根企業家利用這一契機創造了第一桶金。隨後是 1990 年代的第二波浪潮，當時國家開始改革國有企業制度，這導致了一部分社會羣體失業，同時向另一些社會羣體提供了快速發展的空間。第三波浪潮發生在 2000 年代初，中國加入 WTO 使數百萬中小型製造企業進入全球市場，佔領了全球價值鏈的底端。

這三波市場化浪潮已使中國的經濟格局發生了不可估量的變化。民營企業現在已經創造了中國 60% 的 GDP。至 2013 年，民營企業已經僱用了中國絕大多數的城市勞動力。民營企業是中國創造就業機會的引擎。僅在 2013 年，家庭和私營企業就提供了 1200 萬個新的就業機會，約佔勞動力市場新創造就業機會的 90%。私營部門已合法地確立為中國勞動力市場的基石，以及社會和政治穩定的基石。這為中央政府提供了充分的理由來保持市場的增長和繁榮。

絕大多數家庭和私營企業在規模上仍然很小，並在有限的本地市場和底層市場中經營。從某種意義上說，這些企業並不是真正活躍的現代市場主體。大多數小企業不依賴於始終由國家控制的現代

經濟機構和產業技術，它們在財務上自力更生，並以家庭為中心。中華全國工商業聯合會的一項調查顯示，這些小型企業中有 60% 沒有銀行長期貸款，而 40% 的企業認為國有銀行貸款是最昂貴的融資方式。

超過 5700 萬的中小型家庭和私營企業是當代國家主導型經濟的基石，中小企業雖然在數量上有優勢，但就其財政和政治作用而言，它們不可能取代國有部門。就單個企業而言，它們規模小，政治意義可忽略不計。這些企業與國家的互動極少。國家僅在經濟衰退和失業嚴重的情況下才提供援助，例如在 2008 年全球金融危機的初期，即使在這種情況下，國家也只是通過其經濟部門實施間接干預。除了這些應急政策，國家幾乎沒有提供任何支持，因為國有銀行主要專注於為國有部門籌集資金，而地方政府只對大型的、能夠改變遊戲規則的私營企業感興趣，而這些私營企業通常來自本區域之外，甚至來自國外。國家也不依靠中小企業獲得主體稅收。2013 年，國有企業為國庫貢獻了 3.6 萬億美元，約佔三種主要稅收（增值稅，企業營業稅和企業所得稅）的 60%。僅 110 家央企就貢獻了 2.8 萬億美元，佔中央政府收入的 46%。回想一下 1980 年代和 1990 年代的教訓，就知道這種安排並非無關緊要，當時逃稅行為猖獗，政治上無足輕重的中小企業的虛假核算導致了重大的財政漏洞。

隨着小型市場主體在經濟規模和實力上向外和向上擴展，他們不可避免地要與當地政府，有時甚至是中央政府進行談判，在那裏他們接觸地方政府、國有銀行、國有企業和其他具有政治意義的行為者。在國家與市場之間，企業家可以選擇進入國家體制，也可以選擇成為它的初級合作夥伴。如果他們追求自己的政治利益而不是

進入體制或與政府合作,它們將處於不利地位,甚至被一些國家政策明令壓制。大多數成功的私營企業非常了解這一點,他們儘力避免這種非理性的選擇。

2、中間層市場

中間層市場是國家和非國家行為者互動以實現一系列共同商定的經濟和政治目標的空間,該空間包容國家和非國家行為者之間的博弈。後者包括具有政治地位的私人企業家和大型私人企業集團,這些企業通常與國家權力機構有聯繫,但並不是國家權力機構。由於法律法規是國家與這些企業不斷進行談判的結果,因此中間層不受嚴格的法治約束。由於大型私營企業依賴國家提供保護和市場准入,因此這類企業生存和繁榮的機會嚴重取決於它們與中央和地方各級政府官員的互動。具有重要政治意義的私營企業家值得關注,因為他們獲得了至關重要的資源並面臨着國家對它們施加的約束。

中國的大型民營企業不僅僅是草根企業發展的產物,那些具有政治意義的企業通常在人員網絡、技術和資本方面都出自前國有部門。與國有企業類似,但與草根企業不同,中間層的企業依靠優惠政策發展壯大,一旦超過一定門檻,就必須遵守國家法規。因此,大型民營企業從一開始就是國家轉型的一部分,而遠非自治力量,而是其轉型的一部分。

大型民營企業與國家的關係可分為兩種類型:夥伴關係模型和國家代理模型。夥伴關係模型指國家支持或贊助私營企業,但不是通過直接提供關鍵生產要素和控制其發展方向的方式。這種廣義的夥伴關係可以進一步細分為至少三個子類型:私人主導

型關係或溫州模式；服務型地方政府或蘇州模式；國家贊助型或產業政策模式，這種模式主要針對某些關鍵技術領域，例如新興的互聯網領域。國家代理模型描述了民營企業與地方政府關係中的一些負面類型，在這類關係中企業成為地方政府發展目標的代理人或工具。當地方政府官員和關係密切的私營企業家合謀濫用由當地控制的生產要素並損害公共利益時，這種關係可能會引發問題。這種關係也至少可以進一步分為兩個子類型：一是利益共享聯盟，例如，地方官員與作為城市化主體的開發商結成的利益聯盟；二是過度的發展型國家，以魯莽的地方官員為典型特徵，他們實施膽大妄為的投資決策並僱用私人企業家來實現地方發展目標。

對國有企業和私營企業之間各種制度安排的研究表明，儘管改革時期的中國政府積極促進了私營部門的發展，但它同樣積極地對私營部門實施支配和庇護策略。國家—私人關係的一種常見模式是，當企業規模較小且沒有任何政治和社會意義時，國家可以不理會企業，甚至促進其發展，然而一旦企業發展到一定的規模，並顯現出其財政重要性甚至政治意義時，國家就會與企業建立關聯，以指導私人資本。

在中國的政治經濟秩序下，私人企業家總的來說只關心經營而沒有太大的政治抱負。與他們相反，中國的政治精英很少擁有大量財富。即使國家的經濟權力和市場的政治價值經常通過人大和政協等機制共享和協商，但商業精英仍無法獲得政治權力。對於擁有政治資本的頂級商業精英而言，此類資本僅在獲取經濟利益和政治保護時才有價值。的確，除了村級選舉，中國的私營企業家幾乎沒有渠道獲得黨和國家任何級別的領導職位。但是到目前為止，私人企

業家缺乏獲取政治權力的正式渠道還沒有引起任何嚴重的問題，因為他們通常不贊成政治改革，特別是西方式的多黨制民主。

3、國家層市場

國有企業是國家層市場中的行為主體。在國有企業部門中，企業可以進一步分為中央政府管理的企業（央企）和省市級地方政府管理的企業（地方國企）。這裏提到的國有企業主要是指央企。國有企業從其歷史形態中繼承了國家經濟部門的地位和功能。儘管當代市場化改革的目的是從根本上改變毛澤東時代的動員式經濟，但從任何意義上說，這並不意味着國有企業的運轉方式會與西方市場體系下的私營企業相同。與改革前一樣，國有部門仍然是國家最重要的經濟部門，負責動員資源並主導經濟。將市場機制引入國有部門能夠提高該部門追求經濟財富的效率。對於國家而言，現在的問題不是市場是否應該存在，而是如何有效利用市場，同時通過其他手段持續保持其在國有部門的主導地位。

在改革前，國家包攬了一切，國有企業只是它的生產車間和經濟部門。但是，自市場改革以來，國有企業的角色經歷了一個急劇變化和轉型的時期。當受市場約束時，大多數國有企業遭受虧損，不得不由國家救助，這導致了 1990 年代中後期的財政和金融危機。一些經濟學家曾經認為，除少數國有企業外，其他所有企業都應私有化，並把它們的命運交給市場。從那以後，國有企業的命運有了決定性的改善：它們已經成為中國乃至全球有實力的、高盈利的企業。

統計學家認為央企是中國經濟實力最重要的來源，實則不然。國有企業，特別是央企的主要功能不在經濟上。它們由中央政府親

自挑選和包裝，旨在充分利用市場資源和壟斷勢力為國家服務。國有企業實際上並不受所有市場紀律的約束，例如非國有企業的自由市場准入，以及在國內市場上來自全球參與者（跨國公司）的競爭。同時，他們保留了獲得國有土地、天然資源和公共資金的權利，最重要的是，在中央黨政關鍵決策機關中的席位。換句話說，它們是市場和國家機制的混合體。在實踐中，這些國有企業策略性和選擇性地（象徵性地）使用市場來鞏固自身的地位，例如逃避國家對其利潤的主張以及對公司管理的控制，而國家及其整個中央和地方的官僚機器同樣策略性地和選擇性地（並象徵性地）保護市場利益。對於實力最強的央企，監管機構實際上與它們站在一邊。在央企面前，地方政府大多只是低微的合作夥伴；甚至中央政府也處在它們的影響之下。如果認為國有企業直接服務於國家利益，那只是從純粹的財政視角來考慮問題。

如果把國有企業簡單地看成效率低下、缺乏競爭力的市場參與者，那麼市場原教旨主義者對國有企業的指責就是錯誤的。一方面，中國的市場並不是一個自治、自我平衡和自我調節的系統。中國的市場與多層級國家治理系統具有千絲萬縷的聯繫，它應被理解為一套服從國家財政和政治利益的機制。因此，中國市場的運作是以國家的內在結構和國有企業為前提的。中小民營企業的確比國有企業更有效率，但是，大多數私營企業集中在下游市場，下游市場的有效運作實際上是靠上游央企的平穩運轉來保證的。國有企業和私營企業是同一系統中相互獨立但不能相互替代的兩個部分。在中國的政治經濟體系中，如果只看到遵從市場規則的中小企業，而忽略了介於中央政府與地方市場之間的具有政治影響力的國有企業，那麼分析就是不到位的。

四、制內市場體系的演化與挑戰

（一）制內市場體系的演化

從上一節的論述可知，當代中國制內市場體系（MIS）的主要特徵可以概括為：國家主導市場，市場分為三層。圖 2-3 是這種結構特徵的示意圖。國家由黨政系統構成，位於圖的左邊，而右邊是市場領域。從戰略地位、政商關係、現代化程度、影響力、競爭力等方面考量，市場大致分為三個具有等級性的層次，在每一層次的市場中，與國家互動的行為主體不同。國家層市場位於頂端，行為主體是國有企業。在這一層次上，國有企業分佈在關係國家經濟命

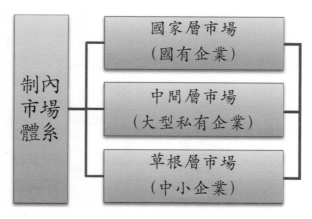

圖 2-3　當代中國的制內市場體系結構

脈的戰略性行業中，包括軍工、能源、礦產、電力、水利、基礎工程、航空、鐵路、電信、金融等領域。國有企業直接受國家控制，它們是國家進行經濟戰略佈局的重要工具。位於底端的是草根層市場，由數量龐大的中小企業充當行為主體。中小企業集中在非戰略性行業，主要服務於居民的衣食住行用等消費性需求。國家並不直接控制中小企業，只是提供一個制度環境，任由其運作。位於兩者之間的是中間層市場，行為主體是具有較大影響力的私營企業。當前，這些企業在一些新興行業及高科技行業中較為突出，例如互聯網、新能源、物流、信息技術等。與中小企業不同，國家關注中間層主體，並積極與之建立緊密的互動關係。與此同時，三個市場之間也是相互關聯的。例如，國有企業與私營企業有可能存在着產業鏈的上下游關係，國有企業向私營企業提供金融、能源、電信等壟斷行業服務，或者它們之間相互競爭。又如，草根層市場是培育中間層市場的土壤，一些大型的私營企業都是從草根層市場的激烈競爭中壯大成長的。由此可見，中國以國家為核心的政治經濟體系在結構上與西方以市場為核心的體制有很大差異。

必須指出，中國的制內市場體系在當代經歷了不同的形態，它是動態變化的，而非一成不變的。計劃經濟時代與改革開放時代形成了鮮明的對比。新中國成立後，為了實現趕超式發展，國家需要集中和動員工農業資源按照國家的意志進行生產和消費，由此逐步發展出一整套包括五年計劃、國有企業、農村公社、價格控制、消費配給等制度在內的計劃經濟體制。此時，國家控制了絕大部分的經濟活動，基於個人意願進行的生產、消費、交換、分配被嚴格禁止，市場空間被壓縮到極小範圍。如果說還存在甚麼市場的話，那就是無所不包的國家層市場。1978年改革開放之後，經過各個領

域的重大改革，國家有步驟地退出了屬於私人的市場空間，這表現在一方面是國家層市場的收縮，另一方面是中間層和草根層市場的恢復。各類市場行為主體有了相對明確的活動邊界和職責，市場內在結構恢復平衡。國家對市場的控制手段也變得更為間接和複雜，像西方國家一樣，財政政策和貨幣政策成為宏觀調控的重要工具，但國家也沒有放棄直接行政干預的手段。在很大程度上，圖 2-3 描繪的是制內市場體系改革開放以來凝結的形態。顯然，在未來，這個體系仍會在應對挑戰和謀求發展的過程中演化出新的形態。

（二）制內市場體系的挑戰

儘管在過去 40 年裏，中國獨特的政治經濟體系實現了高速經濟增長，但是這個體系並非完美無缺，它同樣面臨着許多挑戰。這個體系中的很多機制性的問題都可能成為進一步釋放增長和發展潛力的阻礙。我們至少可以從如下兩個主要方面來討論。

1、不穩定的政商聯盟

作為中間層市場的行為主體，企業家擁有最廣泛的經濟和社會資本，有些是國家無法觸及的。企業家意識到系統中存在一種結構性張力，即以全社會的利益為代價，將所有經濟利益堆積到中間層市場。當前這種合作與支配體系能否持續運作關鍵取決於底層社會的穩定性，而普通社會成員目前仍可以維持他們的生活。然而，如果發生社會不穩定的局面，那麼國家與私人企業家之間的支配—合作關係就無法在維持下去。中間層市場中的政商關係在很大程度上

仍然是權宜聯盟，而不是承諾聯盟。當這樣的聯盟破裂時，私營企業往往必須付出很大的代價。

　　事實證明，私營企業要麼與地方領導人結盟，要麼就依附於系統性政治合作的各種機制。無論哪種情況，市場化的邊界都可以通過國家的有形之手而實現不同程度的跨越。儘管降低了經濟風險，這種跨越市場邊界的行為並不能保證企業成功，因為它將另一種風險，即政治風險引入了中間層市場。在牽涉的所有政治風險的前提下，在國家與私人資本之間形成了經濟上富有成效但本質上脆弱的制度安排，私人資本由此可以獲得優惠政策及相關利益，同時不必嚴格遵守現行法律和法規。在制內市場體系中，就實力雄厚的私營企業家而言，他們的利益往往不只是資本家的私人利益，同時也是政治和經濟精英的特殊利益，這些精英分佈在國家—市場關係網絡中的各個層面上。他們通常在制定和取消規則上相互競爭。因此，國家和私營企業家之間的合作，無論以正式的還是非正式的形式，都是現行規則的例外，或者，在大多數情況下都是一種特殊的制度安排。與中間層市場的其他行為主體一樣，私人資本推動了市場和國家力量的快速提升，但是規則發展或市場經濟的制度化卻遲滯了。

　　當代中國的制內市場體系是一種獨特的安排，它肯定比毛澤東時代的早期國家—市場關係模式具有優勢。與政治動員和社會動盪的不確定性相比，當前的國家—市場合作體系確實服務於私人企業家的利益，尤其是大型企業，以至於他們覺得社會和政治穩定對自己更有利。但是，不管將來發生的事情如何，大多數企業家對未來的政治變革都有深刻的預感。

2、市場機制對國家的滲透

無論市場在促進經濟增長中變得多麼有效，國家始終將其視為一種手段，而不是其統治的經濟基礎。為了增進市場化的經濟收益，國家與自己的代理人以及社會力量合作，以培育區域、國家和全球性市場，特別是在消費品和勞動力就業領域。但為了控制市場化的政治風險，國家還建立了半經濟化的等級制度，以抑制自由市場對政治穩定的潛在破壞力。這種措施對於中間層市場的行為主體而言非常有效。但是，當市場邏輯滲透到國家機構，並在中央與地方政府之間，以及中央政府與央企之間的關係中造成委託—代理問題時，中間層市場的影響力最大。

中國的市場經濟必須被視為具有自身邏輯的、完整的經濟和政治體系。因此，在理解市場化的邊界時，我們不能簡單地假設國家對市場的支配關係是穩定的。這種市場化的副作用需要認真對待。就像被置於經濟等級體系底層的自由市場一樣，市場機制也深深地滲透到了國家層市場以及中間層市場。儘管國家能對地方政府和草根層市場進行有效的管理，但國家也發現，中間層市場的行為主體很難對付，尤其是它自己的代理人。因此，當國家在很大程度上成功地控制了自下而上的市場化過程時，它面臨着一個更艱巨的任務，即馴服國家層市場內部自上而下的市場化過程。

在國家層市場，央企橫跨國家和市場兩個領域，它們有時自行選擇遊戲，並設定規則。從這個意義上講，它們的行為與其他行為主體無異，例如地方政府、大型私營企業、國有金融機構，以及其他國有部門。在這方面，它們不同於西方的大型私營企業，後者根據其市場表現獲得政治權力和公共資源。中國央企可以使用各種各樣的國家和市場機制，從政治身份、行政級別、特許權到限制市場

對它們收入的充分獲取權。因此，他們在中央國家和任何地方市場上都享有最高程度的自治權。央企不僅不受任何監管機構的影響，而且有時會在許多重要關鍵領域直接侵蝕中央政府的利益，例如社會平等和污染控制。日益失控的社會收入分配失衡在很大程度上是央企膨脹的產物。但是，對於所有這些問題沒有簡單快速的解決辦法。國有企業已經成為中國政治經濟系統中的一種構成要素，以至於在不改變整個政治系統性質的情況下，根本不可能將它們重組成私營企業。因此，可以說央企對中國的制內市場體系構成了最根本的挑戰。

五、中西方模式各自的問題

今天，中西方兩種政治經濟學模式都面臨着問題和挑戰。無論從理論上還是經驗上來說，西方面臨的問題需要通過結構性再造來解決，而中國面臨的問題則屬於在現存結構之上進行調整和改進。

在西方，主要問題是如何實現政治和經濟之間的再關聯，也就是，政治如何再次對經濟行使權力，使得經濟在一定程度上配合政治的需要，從而在經濟和社會之間實現再平衡。目前西方內部民粹主義崛起，外部經濟民族主義崛起，主要是要解決內部經濟問題。2008 年全球金融危機是西方經濟結構失衡的產物，但這麼多年過去了，經濟結構並沒有變好。主要問題是：在政治很難作為的情況下，結構性調整僅靠經濟力量本身很難實現。這些年來美國政府在經濟上比較有所作為，包括再工業化、技術創新、保護本國產業等，不過，包括和中國進行貿易戰在內的很多方法並不能改善內部經濟結構，從長遠來說也必然產生更多新問題。北歐少數國家開始試行「一人一份工資」模式，但很顯然這也不是甚麼新思路，而只是福利模式的擴大版。西方如何能夠像當年建設福利國家那樣再次進行重大的改革和調整來實現政治、經濟和社會的再平衡，這有待觀察。

對中國模式來說，經濟發展一直是政府的責任，這一點不僅不會被放棄，而且會更加鞏固。中國可以改進的地方有很多，但主要

是要圍繞着三層市場之間實現平衡這一目標。無論是國家主義佔據主導地位還是市場主義佔據主導地位，都會導致失衡，從而發生危機。那麼如何實現平衡？這需要產權、法治和政策各個層面的共同努力。就產權來說，光強調私有產權的明確和保護是遠遠不夠，國有企業的產權、國有和民營合作的產權和私有產權同樣需要明確化，需要具有同樣的權利。對法治來說，法律必須平等地適用於三層資本。應當強調的是，在這方面，現有的政治或者政策保護已經遠遠不夠，而急需把政治和政策的保護轉化成為法治的保護。對政策來說，主要是根據三層資本的發展情況，尤其是失衡情況進行調整。這就決定了，政府在必要的時候對不同資本進行扶持和發展。需要進一步研究和釐清哪些領域需要以國有企業為主體，哪些領域可以大量讓渡給民營企業，哪些領域可以政府和民營企業進行合作等問題。政府需要促成國有企業追求自身的發展能力，而不是通過現有的方法（例如壟斷、政策尋租等）來發展。政府更需要賦權社會本身培養自身的發展能力，包括經濟和社會兩個方面，使得社會有平衡資本的力量，而不是僅僅依靠政府來平衡。

實際上，作為政府責任的發展應當是中國國家意識形態的內核。這方面，中國仍然大有可為。執政黨可以圍繞發展繼續轉型，發掘新的合法性基礎，同時也通過經濟發展來重塑中國的社會結構，使之趨於一個穩定的結構。從長遠來看，至少從經濟層面來看，這個多層資本複合體制是中國對世界文明的貢獻，也是中國可以為其他國家所提供的另一個制度選擇。

第三章

美國自由資本主義經濟的興衰

美國是一個世界超級大國，無論是在經濟、科技、軍事，還是在文化上都扮演着領導者的角色。由於具有全球性的影響力，它的一舉一動受到各國密切關注。然而，自 2017 年 1 月特朗普（Donald Trump）就任美國總統之後，美國國內的不穩定性增加，經濟增長乏力，社會矛盾叢生，同時，對外摩擦不斷，由其主導的國際政治經濟秩序出現動搖。越來越多的觀察者認為美國正在走下坡。從全球稱霸到國勢疲敝，是甚麼動力機制驅動着美國經歷了這一切？本章試圖從政治經濟體制的視角觀察美國經濟的變化軌跡，從而揭示美國自由資本主義經濟興衰的原因。

一、美國經濟的長期圖景

　　美國被視為自由資本主義市場經濟的典型，實際上，這是
1970 年代之後的事情。如果不了解歷史，很容易誤認為它一直如
此。美國資本主義經歷了不同的歷史階段，它一直在變化，而且未
來也會繼續發生變化。因此，要準確地了解和掌握美國資本主義
經濟的發展模式，就必須從歷史的和動態的角度去觀察它的長期趨
勢，從中發現深層次的機制。本章根據美國經濟所經歷的重大事件
及其影響，把美國經濟的長期趨勢劃分為四個階段，即戰後黃金時
代（1947–1973 年）、滯脹與改革（1974–1991 年）、「新經濟」時期
（1992–2007 年），以及金融危機與長期低迷（2008–2019 年）。圖 3-1
繪製了涵蓋上述階段的實際 GDP 逐年增長率趨勢，並以虛線區隔
各個時期，以此概括戰後美國經濟大致的發展歷程。

（一）戰後黃金時代（1947-1973）

　　在 1947 年馬歇爾計劃（Marshall Plan）實施後的 20 多年裏，
美國經歷了一段較長時間的經濟擴張週期。其間，只有 1958 年和
1961 年發生了經濟衰退。戰後美國經濟的黃金時代得益於特定的
社會、經濟和政治制度環境，總體而言，主要包括三個方面的因
素：美國國際霸權的確立、勞資關係的調和與政府的擴張。

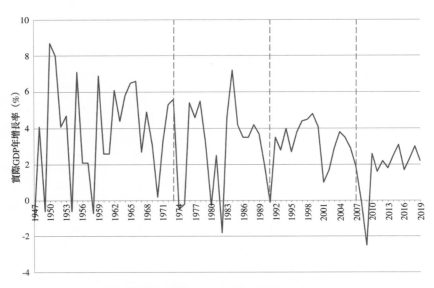

圖 3-1 美國實際 GDP 年增長率（1947-2019）

數據來源：世界銀行 [1]

　　戰後，美國成為資本主義世界中軍事、政治和經濟的絕對主導力量。強大的支配地位使美國能夠制定符合它自身利益的國際經濟運行規則。由這種霸權維護的規則促進了國際貿易和美國對外投資的大規模擴張，確保了美國企業進入快速增長的世界市場。美國的霸權還保證了它的跨國企業在重要天然資源領域佔據壟斷地位，從而為美國經濟的繁榮源源不斷地輸入低成本資源（尤其是石油）。

　　新的勞資關係也在形成。工會組織被允許存在，勞工組織的代表在政治事務中獲得了一席之地。工資隨着生產率的提高而提高，使工人能夠分享經濟擴張的好處。在 1965-1973 年間，每個工人的實際稅後工資平均每年增長 3.4%。 1960 年代末，失業率連續 4 年

1　World Development Indicators, World Bamk: http://wid.worldbank.org.

低於 4%（Rosenberg & Weisskopf, 1981）。政府逐步建立涵蓋失業救濟、勞動補償、教育、公共住房在內的社會保障制度，勞資衝突得到緩和。

美國政府在經濟增長中扮演着重要的角色。在宏觀經濟政策方面，為了避免經濟再次陷入長期蕭條，政府在凱恩斯主義的指導下，承諾維持較高的總需求水平。政府在商品和服務上的總支出佔 GNP 的比重穩定在 20%-22%，是 1920 年代擴張時期的兩倍。起初，這是通過擴大軍費開支實現的，在 1950 年代中期軍費開支約佔美國國民生產總值（GNP）的 10%（Magdoff & Sweezy, 1977）。後來，政府利用貨幣政策工具刺激經濟不斷增長，通過擴大信貸供應，以防止大範圍的破產和金融崩潰。

（二）滯脹與改革（1974-1991）

到 1970 年代初，美國國內及國際局勢的變化徹底破壞了美國經濟繁榮的基礎。在國內，政府的擴張型財政政策在 1960 年之後的每一年都產生了聯邦預算赤字，寬鬆的貨幣政策維持了整體購買力，使陷入困境的銀行和公司得以生存，並阻止了早期的金融恐慌。結果，許多老牌企業得以繼續經營並盈利，儘管它們在市場上變得越來越沒有競爭力。這些經濟政策使效率日益低下的經濟結構得以延續，並最終阻礙了經濟的持續擴張。

1971 年中期，美國多年來形成的國際金融和貿易失衡導致了布雷頓森林體系（Bretton Woods System）的崩潰，而該制度在整個經濟擴張時期一直是穩定的國際經貿關係的基石。隨着美國政府在越南戰爭中走向失敗，它維持國際經濟秩序的能力大大降低。1973

年和 1979 年，石油輸出國組織（OPEC）以石油為武器與美英等西方發達國家展開國際政治鬥爭，引發了兩次石油危機。美國進口石油的價格急劇攀升，自此陷入持續的滯脹狀態。1973 年初到 1980 年底，美國消費者價格指數平均每年上漲 9.3%，而在同樣的 8 年期間，失業率平均為 6.6%（Campen, 1981）。

為擺脫滯脹的困境，列根（Ronald Wilson Reagan）總統於 1980 年上台後，進行了大刀闊斧的改革。他採取強硬手段削弱工會組織的勢力，削減監管機構的經費預算，放鬆經濟管制，讓奉行自由放任主義的官員在經濟管理部門擔任要職，並採納了供給學派的減稅建議，這些政策極大地釋放了市場主體的活力和力量。與此同時，列根政府採取了堅定的反通脹措施。儘管在 1973-1988 年間，美國人均 GDP 的年平均增長率僅為 1.7%，低於 1960-1973 年間的 2.7%，但列根的經濟改革還是取得了成功，在 1980 年代的大部分時間裏，失業率低於 6%，而物價年增長率已經從 1970 年代末的約 12% 降至 1980 年代中期的 6% 以下（Wynne, 1992）。

（三）「新經濟」時期（1992-2007）

進入 1990 年代，美國的半導體技術有了較大的發展，半導體部件的小型化和廉價化使計算機和電子通信設備的價格大幅下降，而性能提高，並廣泛應用於飛機、汽車、科學儀器及其他電子產品，大大提高了全要素生產率。

信息技術革命帶來了「新經濟」，它改變了美國經濟的增長方式。從 1991 年到 2000 年是美國歷史上持續時間最長的一次經濟擴張，在擴張結束時，失業率達到了 4% 的相對較低水平，而通脹也

在低位運行。1995 年之後，隨着利潤率持續上升，固定資產投資出現了兩位數的增長，從而加速了經濟增長。1995-2000 年，實際 GDP 每年增長 4.1%（Kotz, 2007）。懷抱對新經濟的樂觀預期，大量金融資本投向科技企業，股票市場迎來前所未有的繁榮。在此階段，投資和消費支出都受到股市泡沫的推動。

到 2000 年夏末，互聯網泡沫的破裂這打碎了企業投資者的樂觀情緒，引發經濟衰退，一直持續到 2001 年第三季度。然而，消費支出不同尋常的持續增長避免了一場嚴重的衰退。在美國經濟中，消費支出約佔 GDP 的 2/3，因此消費支出的變動對 GDP 有很大影響。隨後，在消費支出增長的帶動下，GDP 在 2002 年增長 1.6%，2003 年增長 2.7%。到 2004 年，GDP 增長的主導力量轉向了固定資產投資，GDP 增長率達到 4.2%，但在 2005 年下降為 3.5%（Kotz, 2007）。

從 2002 年到 2005 年的整個擴張是由不斷上升的家庭債務支撐的，家庭債務已達到近代歷史上的最高水平。房地產泡沫的形成導致家庭資產價值迅速上升，使家庭能夠以不斷升值的房屋為抵押進行貸款。房地產泡沫在 2006 年停止增長，並在 2006 年下半年顯示出破裂的跡象，這為後來的金融危機埋下了伏筆。

（四）金融危機與長期低迷（2008-2019）

在 2007 年底和 2008 年初，美國次級抵押貸款危機（Subprime Crisis）爆發，引發全球性的金融危機。美國政府沒有採取增加政府支出和降低稅率的方式拯救經濟，政府官員主要將此次危機視為一場金融危機，因此專注於為陷入麻煩的金融機構提供貸款，避免金

融體系的崩潰。到 2008 年底，除了貝爾斯登（Bear Stearns）、雷曼兄弟（Lehman Brothers）和一些相對較小的銀行破產外，金融體系大體上穩定了下來。但金融危機導致的產出和就業下降已全面展開，2008 年和 2009 年的 GDP 年增長率分別為 –0.3% 和 –2.8%，人們把這兩年稱為「大衰退」（Great Recession）時期。

奧巴馬（Barack Hussein Obama）的《美國復甦和再投資法案》（ARRA）在 2009 年年初獲得國會通過。該法案雖然提供了 7870 億美元的新支出，並在 2009 年中期阻止了經濟的進一步衰退，但復甦需要更大規模的刺激。因為不僅私人企業不斷裁員並暫停了新的投資和人員招聘，而且各地政府由於財政收入劇減，也在減少工作崗位。有學者估計，至少要在 ARRA 原先支出規模的基礎上再增加 50% 的預算才能實現經濟的復甦。

在貨幣政策方面，為了刺激經濟復甦，美聯儲將基準利率降到了歷史上前所未有的低水平。但這種做法的影響有限。低利率應該會刺激投資和經濟增長，因為較低的信貸成本預計會導致企業借貸、投資和擴張。2009 年之後，淨私人投資確實有所增長，但是比較緩慢。到 2015 年，淨私人投資規模仍比 2006 年低 20%，並在 2015-2016 年間下降了 14%（MacEwan & Miller, 2018）。金融危機過去十年後，住宅投資仍然很疲軟。而機械設備、廠房等非住宅投資也沒有上升到大衰退前的水平，2016 年的下跌都是非住宅投資。

縱觀 2007 年至 2016 年的美國經濟，其 GDP 年平均增長僅為 1.4%，如果不算上大衰退的兩年（2008-2009 年），年均 GDP 增長率也不過 2.1%（Rabie, 2018）。幾乎不足以為每年進入勞動力市場的新工人創造就業機會。儘管美國仍然是世界上最大的經濟體，在

過去 20 年裏，像許多其他發達國家一樣，它的增長率一直在下降。公共債務膨脹、收入和財富分配不平等、生產率下降和消費需求放緩都是造成經濟長期低迷的重要原因。

二、管制型資本主義

（一）生產方式與國家角色

美國在 1920 年代建立了福特主義（Fordism）生產模式，隨後其他資本主義發達經濟體也採納了這種生產模式，到 1940 年代後期，這些國家的生產率得到了極大的提升。福特主義生產模式的主要特徵包括：半自動裝配線工藝，規模化生產，大企業的規模經濟，生產系統利用石油、煤炭和內燃機。福特主義生產方式和長期增長的實現是有條件的，需要構建消費管理模式、生產和分配的社會關係體系，以及一系列其他支撐性制度（Mazier et al., 1999）。

1940 年代末和 50 年代初，在發達資本主義國家，尤其是在美國，出現了一種適當的生產—消費協調模式。在勞資合作的背景下，大工會和大企業容易通過談判就生產收益的分配達成共識。組織化的工人服從資本主義企業的生產安排，以換取更高的工資。高工資使得市場對汽車、電視和雪櫃等耐用消費品的可持續消費，這種平衡狀態一直維持到 1950、60 年代。這種資本主義模式使得勞動力市場分割，勞動力技能退化，以及大規模生產與大規模消費相匹配，從而激勵資本不斷地投入到擴大再生產的循環中去。

因此，1950 年代和 60 年代的福特主義生產體制不僅在美國，

而且在所有主要資本主義經濟體中，構建了一種可持續的生產體系或生產方式，也構建了一種平衡的消費調節模式。這種體制減少了資本和勞動力之間的衝突，從而使資本能夠依靠高水平的生產力、需求和盈利能力進行再生產。但是，這個體制只解決了資本主義主要矛盾的一部分，它還需要其他制度作為補充，以便解決工業與金融業、企業間競爭、國家經濟與世界經濟、生產與社會再生產之間的衝突，如受監管的金融體系、二元企業體系、凱恩斯主義的福利國家，以及布雷頓森林體系。

一個總體上由國家主導的金融體系通過提供低息貸款及內源性資金，能夠增加工業利潤，減少金融資本家和工業資本家之間的衝突。二元企業體系包括寡頭壟斷的大企業和具有競爭性的小企業，這種結構通過大企業實現規模經濟，與此同時，許多小企業充當寡頭壟斷企業的供應商或分包商，可以保證經濟有效率和活力。凱恩斯主義的福利國家通過提供社會福利和戰爭來提高有效需求，通過促進勞動力的社會再生產、基礎設施網絡和教育來提高生產能力。布雷頓森林體系協議通過固定匯率制和國際收支平衡機制增強了世界經濟的穩定性，而美國憑藉其經濟和軍事上的霸權確立了全球領導地位，並運用這種強制力鞏固了西方主要資本主義國家為實現共同目標而結成的聯盟。

福特主義生產體制將特定的生產方式和消費模式有效地結合在一起，刺激了生產力和需求的擴張，同時也形成了一系列涉及金融、公司、國家、國際關係的制度結構來支撐這種資本積累過程。福特主義在發達國家的流行促進了一個全球性管制型資本主義體系的建立。這個體系在 1950 年代和 60 年代降低了經濟的衰退強度和金融系統的不穩定性，並實現了經濟增長（Tylecote, 1992）。

（二）兼顧社會的資本主義

在 20 世紀上半葉，大多數工業國家轉向了社會民主資本主義（Social Democratic Capitalism）模式（Hall & Soskice, 2001）。在經歷了 1930 年代的經濟危機之後，大多數工業化民主國家都在一定程度上調整了它們的資本主義制度，對自由市場的力量進行限制。這種調整發生過好幾次，第一次是在大蕭條導致的經濟極度困難時期，其次是在第二次世界大戰期間，然後是歐洲和日本開始戰後重建的那幾年。在戰時，大部分自由民主國家為贏得戰爭極大地提高了稅收，戰後為了支撐擴張性財政支出，高稅收的做法被保留了下來。這些擴張性支出體現在國家為公民的疾病、事故、退休和失業提供社會保險，以及提高勞動者在國民收入分配中的比例上。

美國也具有這種社會民主資本主義的大部分特徵。美國從大蕭條和二戰中崛起，並成為一個福利國家。政府承諾通過維持和擴大總需求的方式支持就業和工資增長，它致力於為窮人和老年人建立社會安全網，它承認勞動者加入工會的權利以及工會與僱主進行集體談判的權利。但在提供普遍的醫療保險方面，美國是工業化福利國家中的一個例外。

在 20 世紀中葉，美國的社會民主體制接受了國家作為總需求穩定器的概念，並將凱恩斯主義貫徹到其財政政策中，增強了對老年和退休羣體的社會保障力度，並承認勞動者展開集體談判的權利。因此，美國勞動者的工資佔國民收入的比例處於或接近世界前列，幾乎高於任何歐洲國家，其收入分配的十分位數結構與歐洲大體相似。不過，與許多其他工業國家不同的是，美國由國有企業運

營的經濟比重很低，這與英國、法國、德國和日本等國家形成了鮮明的對比。

直到 1960 年代，美國版的社會民主資本主義還得到了兩黨相當大的支持。最值得注意的是，始於 1930 年代的保護弱勢羣體或少數羣體利益的政策繼續擴大。1930 年代的新政（New Deal）改革在管制企業活動方面是值得注意的，政府設立了許多管制機構，如美國證券交易委員會、聯邦存款保險公司、聯邦通信委員會和民用航空局。在 1960 年代和 1970 年代，國家監管力量迅速擴大，不僅涵蓋企業，還擴大到更廣的範圍，如環境保護、消費品安全、生產安全和健康、就業機會平等（Weidenbaum, 2003）。

（三）管制型資本主義的失靈

資本主義經濟系統並非一成不變，它會經歷一系列不同的發展階段，每個階段的主要矛盾都不同，因而每個階段都會產生與矛盾相適應的特定制度結構。不過，隨着內外部政治經濟條件的變化，這些特定的制度結構，一方面緩和了一些潛在的矛盾，另一方面又會加劇其他矛盾。

在二戰後的 25 年裏，受國家高度管制的資本主義體制在發達的工業化國家興起。這種形式的資本主義要求國家對經濟進行調控，為社會提供福利保障，支持工會組織，以及設立國有企業執行國家的產業政策。在管制型資本主義時期，國家傾向於實施慷慨的社會福利計劃，這在一定程度上增強了工人的議價能力。此外，為了緩和及縮短危機，國家會採取措施干預宏觀經濟，這也限制了危機對工人議價能力的影響。

在管制型資本主義體制下，強大的工會和慷慨的福利國家計劃往往能夠抑制生產過剩問題。然而，同樣是這些制度，一旦快速的經濟擴張耗盡了勞動力儲備，就會導致實際工資上漲和生產率增長放緩，從而形成一種利潤被擠壓的趨勢。從理論上說，由這種利潤擠壓引起的生產危機往往會導致失業率上升，從而削弱工人的議價能力。

一些經濟學家（Bowles et al., 1984）認為，這些國家干預措施是 1960 年代中期之後美國企業利潤率持續下滑，以及 1970 年代通脹螺旋式惡化的根源。這些嚴重的經濟問題最終導致了管制型資本主義制度的解體，並被新自由主義制度結構所取代。

（四）發展模式的新舊交替

在 1960 年代末和 70 年代初，福特主義體系內部的矛盾開始加劇，這對生產力、盈利能力和經濟增長產生了負面影響，引發了週期性的深度衰退和金融不穩定性上升。因此，在 1970 年代至 90 年代，世界上大多數國家出現了長波衰退。由於當時工人在生產和分配領域有較強的話語權，他們降低了自身的勞動強度，同時生產技術趨於成熟，生產力實際下降了。隨着美國在越南戰爭中戰敗，生產技術優勢受到其他國家的挑戰，以及國際收支失衡迫使美國實行浮動匯率制，美國霸權衰落了，這意味着它的國際領導地位和強制力都會減弱。

當列根經濟學和戴卓爾主義引領新自由主義思潮的時候，1970 年代和 80 年代初的滯脹被歸咎於凱恩斯主義的福利國家體制。日益增加的投機活動和虛擬資本開始主導產業發展，債務上

升在 1970 年代至 90 年代期間引發了金融危機。因此，支持管制型資本主義的學者們傾向於認為，在 1950 年代和 60 年代，美國和世界經濟經歷了一段長時間的上升，而 1970 年代至 90 年代則是一段低迷期。這種管制學派的分析得到了美國 GDP 增長趨勢數據的支持，如圖 3-2 所示。

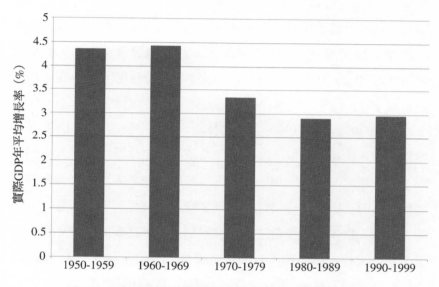

圖 3-2　美國各時期實際 GDP 年平均增長率（1950-1999）

數據來源：美國經濟分析局 [2]

1950 年代和 60 年代出現了長波上升趨勢，年均增長率分別為 4.36% 和 4.43%。在 1970 年代，經濟向長波衰退過渡，當時的年

2　Bureau of Economic Analysis. 2001. Gross domestic product: Percent change from preceding period (seasonally adjusted annual rates): 1930-2001. BEA: http://www.bea.doc.goc/bea/dn/gdpchg.xls.

平均增長率為 3.34%。進入 1980 年代和 90 年代，經濟持續下行，年均增長率均低於 3%。在經濟上升期間，資本主義經濟總體上處於健康的擴張狀態，衰退相對較小，金融不穩定程度最低；而在低迷時期，儘管短期內出現了一些強勁的繁榮，資本主義總體上飽受週期性深度衰退和金融系統不穩定性的困擾。一般來說，因為經濟增長率較高，長波擴張期間的平均失業率相對較低；而在長波收縮期間，由於衰退加深和不確定性增大，失業率平均處於高位。這些 GDP 增長趨勢反映在利潤率數據上，利潤率通常是資本主義制度健康狀況的良好指標。2001 年，隨着衰退的發生，企業的盈利能力大幅下降。

在 1970 年代到 1990 年代的長波收縮時期，生產技術趨於成熟和穩定，生產力大幅下降，金融系統不穩定性增加，而且小到家庭、大到國家的整個結構系統發生了演變，並陷入一個充滿矛盾的過程。此時，原先運作良好的管制型資本主義經濟體系失靈了。在這一時期，世界上大多數工業化國家陷入週期性金融動盪和深度衰退之中，這是因為多種不利因素交織在了一起，包括：(1) 生產與消費模式之間不協調；(2) 生產和消費模式沒有得到適當調整；(3) 各種制度沒有形成合力去激勵資本投入長期再生產。由此，美國經濟進入了一個動盪的調整期（Jessop, 2001）。

三、美國新自由主義體制的建立

（一）新自由主義思潮

　　內外部衝擊迫使美國放鬆了對社會和政治領域的管制，最終也導致了經濟領域管制的放鬆。然而，為了實現非常具體的結果，經濟改革的過程相對謹慎。此時，1930 年代建立起來的、由國家嚴格監管的福利主義體制被視為實現經濟增長的障礙，而自由市場則被視為解決所有問題的萬能處方。從 1960 年代開始，歷屆總統為了應付短期問題而採取的一系列經濟決策加劇了通貨膨脹和經濟的不穩定感。放鬆管制的實踐可以追溯到詹森（Lyndon Baines Johnson）政府，之後的尼克遜（Richard Milhous Nixon）、福特（Gerald Rudolph Ford）和卡特（Jimmy Carter）政府都沿着相同的方向推進。儘管這些政策錯誤在當時就引起了廣泛的討論，但它們在美國資本主義中引發的扭曲尚未顯現，因此人們還無法預見錯誤決策的長期影響。

　　1980 年，共和黨總統候選人列根（Ronald Wilson Reagan）以激進的改革措施作為競選綱領，並於當年 11 月當選總統。列根的重大經濟改革建議很快付諸實施，並打碎了二戰以來盛行的管制型資本主義模式，這使美國走上了一條不同於西歐和加拿大的發展道路。儘管列根總統的減稅政策引起了社會的極大關注，但他的經濟

去管制化措施對美國經濟的長期影響更為巨大。

大約自 1980 年以來，新自由主義（Neoliberalism）的制度結構一直在資本主義世界中佔據主導地位。新自由主義的體制結構包括：國家對經濟的有限管制，國有企業和國家責任的私有化，國家福利保障的大幅削減，以及工會力量的弱化。在這個時代，國家所採取的政策旨在提高資本的稅後利潤，其結果往往是企業的高利潤與工資增長停滯並行。然而，這並不意味着在新自由主義結構中，經濟增長是不可能的。新自由主義經濟體系的擴張往往伴隨着資本家的投資衝動，資產泡沫的膨脹，以及各種形式債務的迅速積累。儘管工資水平停滯不前，但在一段時間內，上述刺激因素可以促進投資需求和消費需求的增長（Kotz, 2003）。

列根的政策標誌着美國進入了放鬆管制的新時代，自由市場的意識形態永久性地植入了美國的經濟政策中。在那個時代，放鬆管制作為經濟治理手段被不斷地強調，以至於市場機制被神話了：在一套既定的市場框架內，定價機制的無形之手能夠完美地協調各種經濟活動，資源調配達到理想狀態；市場會自動產生均衡，政府有形之手的介入只會扭曲資源配置，產生各種無效率的結果。值得注意的是，這種自由市場意識形態經過美國新古典經濟學派的學術包裝之後，更是被奉為科學真理。通過教育系統、學術系統和宣傳系統，市場的理念深入人心，以至於大部分人認為市場是完美無缺的。

（二）國家從市場中撤出

列根的改革使資本主義突破了一些長期以來被國家保護的市場禁區。像郵政這樣的「公共服務」以及像電信這樣的「自然壟斷」

行業已經向私人資本開放競爭。在放棄了對電話、航空公司和卡車運輸業的公共管制之後，國家又進行了下一個放鬆管制的偉大實驗。以前，政府試圖通過建立社會安全網保護美國人免受市場負面效應的衝擊，但是現在社會安全網也不再是改革禁區，不僅國家提供的社會福利水平受到限制，而且越來越多的州正在考慮將社會福利供給移交給私人承包商。

列根的放鬆管制政策推動了金融服務業的迅速崛起，金融從業者的激勵薪酬迅速上升，金融槓桿被普遍運用，大量社會財富向金融領域集中。在 1994 年面向全美房地產經紀人協會的一次演講中，克林頓（Bill Clinton）總統重申了他的承諾，即要把政府從市場中撤出，並降低政府對市場的監管權威：「我就任總統後，我們齊心協力推出了一項經濟戰略，這一戰略全面而深遠，同時也是基礎性的：減少赤字，轉變政府的工作方式；讓政府變得更小，監管更少，但效率更高⋯⋯我們解除了對銀行業和運輸業的管制。我們做了很多工作來解除聯邦對各州的法規和管制⋯⋯」[3] 因此，列根經濟學不僅成為列根或共和黨的經濟學，而且成為美國自身的經濟學，成為大多數重要領導人的口頭禪。解除管制不僅是萬能公式，而且是兩黨共同的萬能公式。

列根真心實意地擁護放鬆管制政策和自由市場資本主義，是他最持久且最具破壞性的經濟政策遺產。這可能比所謂的「列根經濟學」重要得多，這個學說假定減稅會刺激增長，從而彌補減稅帶來的損失。由於沒有證據表明減稅會帶來經濟的長期增長，因此他的減稅政策主要是為了吸引選票。相比之下，1980 年代的管制放

3　Bill Clinton, "Speech at the National Association of Realtors Conference".

鬆產生了持久的影響，它開啟了一段持續 25 年、兩黨都支持的全面市場自由化改革，彷彿只要市場主體自律，市場就會變得有效率和有秩序。放鬆管制的基本原理是，釋放市場力量可以使創新和投資增加，從而為更快的增長奠定基礎。然而，與 1950 至 1980 年的 30 年相比，激進的去監管化措施似乎降低了 1980 年至 2009 年的經濟增長率，極大地加劇了美國社會的不平等和不穩定（Roehner, 2009）。

（三）被「解放」了的金融業

格林斯潘（Alan Greenspan）領導的美聯儲不僅在理論上敵視監管，而且在實際操作中也傾向於解除監管。例如，國會在 1994 年通過了《房屋所有權和股票資產保護法案》（HOEPA），明確授權美聯儲監管所有抵押貸款活動。該法案明確規定：「委員會應通過法規或命令，禁止下列行為或實踐：（A）委員會認為不公平的、有欺騙性的抵押貸款，或旨在規避本節規定的抵押貸款；（B）委員會認為存在濫用貸款行為的按揭貸款再融資，或不符合借款人利益的按揭貸款再融資。」然而，美聯儲沒有利用這一監管權力。相反，美聯儲在 21 世紀初推動了創紀錄的低利率，從而使信貸和房地產價格看起來很便宜，從而加劇了潛在的系統性風險。

除了格林斯潘和美聯儲，國會也以效率的名義對放鬆管制的決策進行權衡。以 1999 年通過的《金融服務現代化法案》為例，該法案消除了商業銀行業務、投資銀行業務和保險業務相互融合的限制，這種限制是由 1933 年的格拉斯—斯蒂格爾法案（Glass-Steagall

Act）建立的。該法案允許金融機構提供全方位的金融服務，由此引發了一輪商業銀行和投資銀行合併的浪潮；而且銀行的投資部門現在可以動用存放在商業部門的資金，為複雜而高風險的抵押貸款證券化活動提供資金。它還允許發行非常複雜的抵押貸款工具，這樣一來，發行機構能輕而易舉地以定製化交易的名義誤導客戶，而這些定製化交易無法輕易與另一個貸款人的交易進行比較（Ip & Hilsenrath, 2007）。

還有一個例子是 2000 年的《商品期貨現代化法案》（CFMA）。該法案通過解除對信用違約互換（CDS）等衍生品的管制，鼓勵高風險的經濟活動。CDS 是一種針對違約的保險形式。然而，CDS並不局限於「可保險關係」；它們可以作為對任何公司的未來進行估值的一種手段而被購買。而且，與受到謹慎監管的保險業務不同，CDS 是在一個自由或不受監管的市場上發行的。未償付 CDS的名義價值從 1999 年的接近零迅速膨脹到 2007 年的 62 萬億美元，其交易和交易員完全不受政府當局的監管（Corn, 2008）。在這個保險市場中，保單的發行者可以從交易中收取一筆費用，同時保留很少或根本不提供彌補違約成本的抵押品。經濟活動越來越多地在那些不受監管的、金融服務發達的市場中進行，高風險交易行為可以在沒有約束或監督的情況下進行。

在這種情況下，放鬆管制無疑提高了金融機構的利潤，同時也提高了某些銀行家的生活水平，但這卻是以全社會的利益作為代價，2008 年的全球金融危機直接說明了這一點，這場危機的主要原因就是投資銀行在獲得自由後所出現的高風險行為。

（四）「股東至上」的企業價值觀

　　1981 年，由全美頂級大企業召開的商業圓桌會議發表了《企業責任聲明》(Statement on Corporate Responsibility)，其中指出：「平衡股東獲得最大回報的期望與其他優先事項是企業管理面臨的基本問題之一。股東必須得到良好的回報，但其他利益相關者（包括客戶、員工、社區、供應商和整個社會）的合理關切也必須得到適當的照顧。優秀的管理者應該通盤考慮所有利益相關者的合理權益，一家公司才能最好地服務於股東的利益。」(Mintzberg et al., 2002) 這是利益關聯主義的基本觀點，即治理是一種賦權和管制之間的平衡 —— 既要賦予企業權力以獲得可觀的回報，同時又要為了其他利益相關者的利益而對企業行為進行監管。

　　然而，到了 1997 年，平衡多個關聯利益的經營方式實際上已經被商業圓桌會議否定了：「董事會必須以某種方式平衡股東利益與其他關聯方利益的觀點，從根本上誤解了董事的角色。此外，這是一個行不通的想法，因為它將使董事會沒有標準來解決股東與其他利益相關者之間的利益衝突，或其他利益相關者之間的衝突。」(Mintzberg et al., 2002) 這表明，股東至上主義取代了利益關聯主義，成為 1990 年代美國企業的行為特徵。

　　股東至上主義根植於一套稱為「代理理論」(Agency Theory) 的新觀點，它是由詹森 (Michael C. Jensen) 率先提出的。代理理論認為，股東有權索取企業的剩餘收益，是企業真正的「所有者」，也是企業的「委託人」，而企業的管理者有責任將自己視為股東的代理人，他們對企業任何資金的使用都必須為股東利益服務，否則就是非法的。管理者應該全心全意地為各自企業的股東謀取利益，如

果把手中的權力用於超出服務股東的範圍就是不負責任的。詹森認為，委託人與代理人之間最重要的衝突來源於：當管理者的所有權收益降低時，他就沒有動力把大量精力投入創造性活動中，如尋找新的盈利項目，這可能會導致企業價值大大低於正常水平。管理者都是自私自利的，不能幼稚地認為高級管理者為了一份薪水會盡職盡責地使用手中的權力。樹立和維持高效能幹的名聲並不構成他們努力工作的動機。如果沒有具體的財務激勵機制，這些人很容易怠慢工作（Jensen & Meckling, 1976）。

「代理理論」很快成為了更廣泛的股東至上主義的基本原理。它在今天的美國商業世界中變得根深蒂固，在許多商學院的課程和知名學者的著作中都被大量引用。然而，股東至上主義是由一種來自金融經濟學的人類行為理論支撐的，這種所謂的普遍理論建立在個人行為基礎之上，它的發展並不考慮社會背景。為了股東利益而忽視其他經濟貢獻者的利益，在此前提下，提倡最大化股東價值就相當於鼓勵管理者像機會主義者一樣行事，這是一種不道德的理念。

股東至上主義對美國經濟的基本面影響至深。它在微觀層面上將美國資本主義推向自由放任模式，並產生了寡頭壟斷的效應，無論是在企業競爭領域還是在更廣泛的社會收入分配領域。它有助於將權力集中在一小部分精英手中，以便誘導這些精英為真正的所有者服務。企業價值觀的轉變最終意味着企業價值強調的是股東或華爾街資本家的短期利益，而不是普通民眾的利益。管理者是股東的代理人，在任何時候都要以股東利益的最大化為出發點，企業的其他利益相關者，尤其是普通員工的利益，並不是企業關注的重點。公司的中層管理人員扮演着佃農的角色，為沒有所有權的上司

服務。在為少數上層精英服務的制度中,他們是二等或三等公民。機構投資者、代理理論家和企業的董事會都支持這一變革,他們將股東價值最大化視為改善公司治理、社會資本配置以及改善自身薪酬的一種手段(Ghoshal, 2005)。

(五)甩開包袱並拋棄責任

1970 年代初隨着油價和通脹上漲,股價大幅下跌。低市盈率意味着,如果市場復甦,無論公司的相對表現如何,股價都有巨大的上漲潛力。1974 年至 1984 年間,上市公司在股票市場上的售價不到其重置成本的一半,大多數公司不得不關注自己的股價,否則就會面臨股東反對或收購的風險。在美國和英國得的市場上,企業為保持高股價面臨着很大的壓力。此時,美國企業的經理們面臨着一個重要的戰略抉擇:要麼在保留企業規模和再投資的基礎上找到新的方法來提高生產力,要麼通過縮小企業規模來適應新的競爭環境。亦即在「保留與再投資」(即利用企業現金流為企業內部的長期發展提供資金)和「精簡與分配」(即出售資產、裁員、回購股份、增加每股名義利潤)之間進行選擇。最終,在詹森的理論指引下,美國企業採取了基於縮小規模和向股東分配資金的戰略,這種戰略可以讓現任管理層在較小的資本基礎上報告更高的回報率,同時保持對企業的控制權而不被收購(Lazonick & O'Sullivan, 2000)。

1970 年代危機之後,美國企業重組加速,包括「結構性瓦解」和「空間異化」。它們通常分別被稱為外包和離岸外包。它們是深度全球化的核心要素,跨國公司將商品生產外包給相互競爭的分包商,這些分包商在海外完成這些任務,成為「全球價值鏈」的一

部分。驅動這些鏈條的主體，要麼是大型零售「買家」，它們是供應商，是獨家壟斷買主，其中以沃爾瑪為典型；要麼是「品牌製造商」，它們把生產轉包出去，最後把自己的品牌標籤貼在成品上，提高產品的價值和市場競爭力，蘋果公司就是最好的例子。這種有時被稱為「耐克化」（Nikefication）的商業運營模式，已經取代了傳統企業的商業組織形式。曾經在國內單一公司內部完成的許多工作（垂直整合），現在由在亞洲或拉丁美洲的獨立工廠來完成（Davis, 2016）。

美國企業戰略的轉變意味着，企業的盈利能力比增長更重要，企業應該剝離非核心業務，以及企業盈利應該返還給投資者，並由他們決定將這些資金投向何處。這實際上是將焦點轉向了「資本市場」，由資本市場來管理上市公司；股東應該是自由市場的驅動力，他們會告訴公司如何運營，即使他們的興趣主要集中在短期成功上，即通過縮小規模來提高股價。由於縮減規模往往為公司帶來現金，這就意味着部分現金會流向海外。有一種論調認為，美國經濟總能創造出足夠多的好工作，勞動者不僅會有工作，而且還是不錯的工作。但這一說法更適合資本而不是勞動力，因為資本可以在世界範圍內尋找機會，而勞動力卻不行。顯然，市場實現均衡未必符合公眾利益。一方面，這種公司治理理論助長了資本外流，美國越來越多的好工作流向亞洲，使中國、韓國、印度等國家的競爭力日益增強；另一方面，公司治理理論偏向股東而非勞動者，由此對美國工資構成下行的壓力。從而導致了美國日益嚴重的收入分配不平等（Roe, 2001）。

在企業結構重組的背景下，終身僱傭制消失了，即使是一些最致力於提供有意義的終身僱傭制的公司，如 IBM 和達美航空，

也學會了大規模的裁員和頻繁的解僱。企業不再被視為一個社會機構，人們不再有長期的職業生涯，也不再對彼此有相應的承諾。雖然股東（或者委託人）可能持有一家公司，但他們與這家公司的員工沒有直接聯繫，因此他們沒必要了解和關心他們的福利。實際上，公司股東根就不是甚麼企業的所有者，他們不可能像小公司的所有人那樣為了陷入困境的企業砸鍋賣鐵，他們只會裁員、撤資。即便如此，經理們仍然將「委託人」放在優先位置上，把他們看作是利益相關方的組成部分，聲稱他們的利益是與公司的長期利益一致的。

四、新自由主義的結構性危機

　　資本主義的一個核心矛盾是生產能力與消費能力之間的矛盾。資本主義國家為解決一種危機而構建的政治經濟體系，往往會為另一種危機的出現埋下伏筆。如果說凱恩斯主義的經濟政策解決了1930年代的需求側危機，並最終導致了1970年代的供給側危機，那麼，新自由主義政策解決了供給側危機，卻為21世紀頭10年的需求側危機埋下伏筆。

（一）經濟結構失衡

　　新自由主義轉向的一個方面是，一系列政策賦予了資本更大的行動自由，提高了資本投資的流動性。投資自由化試圖解決生產能力與消費能力之間的以工資為基礎的核心矛盾。企業通過把生產過程和消費過程在地理上分開來化解矛盾。生產可以在工資水平極低的國家和地區進行，從而滿足生產能力的擴張，而商品消費則安排在工資較高的工業化國家進行。然而，受資本外流、製造業外包、資本追逐全球工資窪地，以及核心國家的新自由主義政策的影響，發達國家的工資和勞動收入所佔份額受到抑制，嚴重阻礙了社會大眾的消費能力。這會不可避免地引發需求方面的危機。不過，由於勞動者賣命工作，家庭收入來源多樣化，以及住房泡沫帶來的債

務消費擴張，危機並沒有立即發生，而是往後推遲了一段時間。因此，Crouch（2009）把這種由私人債務驅動的消費擴張稱為「私化的凱恩斯主義」，因為它代表了一種可接受的非政府形式的需求刺激，並推遲了不可避免的危機。不過，這種機制並非不需要政府幫助，因為它嚴重依賴一個長期寬鬆的貨幣政策。

由於生產力的提高、國內和全球生產成本的降低，以及勞動力補償的停滯，剩餘價值過度積累，並且集中在資本家手中，他們亟需為剩餘價值尋找一個有利可圖的出口。這為投資銀行業提供了巨大的機會。金融管制放鬆、勞動者債務水平上升，以及企業盈餘過剩等因素交織在一起，催生了複雜而新奇的金融工具，這些金融工具將消費者抵押貸款債務與高風險證券捆綁在一起。換句話說，資本家把自己的剩餘價值賭在勞動者累積的債務上，而這些債務是由他們在新自由主義體制下制定的工資抑制政策造成的。同樣，低稅收和財政收入不足導致的公共債務也為金融系統創造了額外的投資機會（Streeck, 2014）。

2008 年的全球金融危機是一場需求側危機，這場危機的根源是生產能力與消費能力之間的巨大不平衡，社會財富分配不公，以及政府想要阻止危機的金融化方法。擺脫需求側危機的唯一途徑，是讓勞動者獲得足夠的購買力，以重啟美國的消費主義經濟模式。這將需要建立一個新的政治經濟體制，但就目前的情況來看，幾乎沒有跡象表明這樣的政治—經濟重組很快就會出現。

（二）民主的惡化

資本主義國家必須在促進資本積累與維持政權合法性之間維

持平衡。國家支持資本的積累活動會帶來負面的社會經濟外部性，這必須加以控制，才能確保資本主義制度的合法性和公平性，維護社會的穩定。在新自由主義的統治下，事情發生了截然不同的轉變。國家仍然支持資本積累和資本的利益，但所採取的辦法是減少與政權合法性相關的經濟管制和社會政策，因為統治階級中最有權勢的那部分人認為這些政策是利潤最大化的障礙。在新自由主義錯誤的引導下，國家的資本積累功能否定並取代了社會發展功能（Block & Somers, 2014）。新自由主義片面強調自由和解放這類很誘人的普世價值觀，對保障財產安全、維持市場正義（如營造良好的商業環境）卻避而不談，而這些原則才是國家合法性的來源。

這些新自由主義傾向都沒有因為金融危機而發生重大改變。隨着奧巴馬（Barack Hussein Obama）當選美國第 44 任總統，人們曾一度期待，為了應對危機，他會合乎邏輯地推出一個「新政」，重組美國的資本主義結構，形成一個新的政治經濟體制。但這一切都沒有發生。在 1930 年代的需求側經濟危機之後，美國政府通過創造就業機會和社會保險來救助工人，同時對工業和金融業資本實施了更嚴格的監管。今天則相反，金融機構得到了救助，而美國大眾卻受到了更嚴格的監督和管制。針對最邊緣化和最激進的羣體，政府實施的策略是拉網搜捕和嚴厲的刑罰。對於其餘的人，政府也發展出了一個控制和操縱社會的有效方法。這是一個綜合性的機制，它依賴於消費主義、媒體干擾、兩黨寡頭政治、債務繁榮，以及強調自由選擇和個人責任的意識形態。所有這些手段加在一起，可以有效地削弱了任何反對力量，更不用說革命的熱情（Stiglitz, 2012）。

即使在當前危機揮之不去的環境下，資本仍然繼續繁榮。除了在金融危機開始時短期利潤暴跌之外，企業利潤之後達到了創紀錄的高度，其中也包括在很大程度上對金融崩潰負有罪責的金融機構。隨着收入和財富不平等的加劇，那些大發橫財的資本家動用手中的資源，進一步擴大和加強了他們的統治地位和特權。對於兩黨的政治家來說，他們在認知上已經被新自由主義的意識形態所俘獲，而且鑒於他們在階級結構中的位置，許多人在這種意識形態的延續中擁有既得利益。隨着兩黨都轉向接受和維護新自由主義的意識形態，新自由主義將持續主導美國的政治經濟政策，同時消除對自身不利的系統性反思和批判，避免出現新的政治經濟制度安排。

五、美國資本主義的回擺

　　由於勞動和資本力量的此消彼長，兩者鬥爭造成的不平衡狀態驅動着資本主義制度結構發生週期性變化。這種判斷得自於對兩大事件的回顧性分析，即 1929 年大蕭條發生後的美國「新政」或凱恩斯主義救助措施，以及 1970 年代危機之後的新自由主義或供給側政策。這些危機揭示了一種政治經濟體制在生產能力和消費能力之間來回擺動的運動，這類似於波蘭尼（Karl Polanyi）的「雙向運動」，他認為市場勢力的侵犯將受到反向運動的挑戰，反對力量要求社會得到保護，並免受資本主義勞動力市場的蹂躪。市場的進步可以提高生產能力，而支持社會保護的反向運動則會提高邊緣化羣體的消費能力，一般情況下，他們的消費能力被資本力量擠出了（Block, 2008）。但就目前而言，沒有徵兆表明鐘擺將偏向需求側，或者反對資本霸權的運動必然出現。這是因為，回擺並不是一個理所當然的過程，除了其他因素，還要看資本主義經濟和民主制度活力之間的關係，兩者共同決定了反制力量是否能發揮作用。

（一）經濟困局

　　凱恩斯主義經濟學家強調，要找到有效刺激經濟增長的政策，就必須強調對需求側危機的分析。其最重要的思路是，把錢重新交

到工人手中，讓他們能夠消費，由此啟動和增強對美國經濟至關重要的消費資本主義。有幾種方法可以使需求方復甦。第一，通過提高最低工資標準，讓僱主支付工人更多的錢，以此提高勞動收入水平，而不是逼工人去借債消費。目前這方面的政策進展非常有限。第二，政府通過積極的財政政策，從上層階級到中下層階級實施激進的收入再分配措施。現在這似乎是不可能的。第三，政府啟動一項重大的「新政」，在基礎設施和就業項目上進行大規模投資。第四，利用資產泡沫刺激消費，在 1990 年代末和 21 世紀初，這是遏制長期需求側危機的主要方式（Krugman, 2012）。

凱恩斯主義的危機解決方案不僅會招致資本的反對，而且也與兩黨所迷戀的新自由主義理念不相容，除了這些明顯的障礙之外，美國經濟有兩個根深蒂固的結構性特徵，也會破壞需求側政策的有效性，即金融化和通過外包和離岸生產實現的生產全球化。美國經濟的這兩大結構性特徵是相互強化的。金融化的一個關鍵方面是優先考慮股東價值，即把提高股價置於所有其他管理目標之上。這鼓勵了企業對不被視為核心競爭力的低價值經濟活動實施裁員、外包和轉移。這種做法受到了資本家的青睞。隨着越來越多的公司實施「無工廠化」戰略，通過銷售產生的利潤大部分流向了金融部門和股東。這削弱了所謂的「加速器效應」，因為消費者需求提高和企業利潤增長不一定會轉化為資本投資的擴大。

（二）政治阻礙

根據特朗普的國內財政政策聲明和內閣任命，幾乎沒有跡象表明他的政府將挑戰政治經濟權力核心或國內新自由主義模式。

在財政政策方面，重點仍是以標準的供給學派措施作為刺激經濟的手段，即減稅和放鬆管制。此外，幾乎每一位內閣成員都是新自由主義意識形態的中堅分子，他們主張私有化（如教育部、衛生和社會服務部），或主張對他們負責的行業放鬆監管（如能源部、環境保護局）。在金融改革的人事安排方面，儘管特朗普在競選中發表了反華爾街的言論，但對於包括財政部長和國家經濟委員會主席在內的重要經濟領導職位，他任命的高盛高管或前僱員比任何一位前任總統都多。特朗普甚至提議廢除《多德弗蘭克法案》（Dodd Frank Act），這是唯一一個旨在控制金融領域激進和犯罪行為的重要監管制度。

從政治上看，內閣中億萬富翁和百萬富翁破記錄的任命數量表明，大企業利益集團將牢牢握住權力的操縱杆。這種「極端寡頭政治」也是新自由主義反民主趨勢的進一步擴展。與此同時，有跡象表明，政府的暴力鎮壓可能會升級。特朗普任命軍事將領負責國內安全，以及法律與秩序事務，這預示着可能會出現一種權威式的統治方式。所有這些都引發了一種擔憂，即特朗普政府不僅會在國內深化新自由主義的政治經濟安排，而且還會極力遏制民主政治對這種安排的挑戰（Johnson, 2016）。

一第四章一

德國的社會市場經濟道路

一、德國 —— 歐洲之鷹

2008 年全球金融危機發生之後，歐盟陷入了一連串的不幸之中，從 2009 年希臘債務危機升級為全面的歐元區危機，到近幾年的美歐貿易爭端；從 2016 年英國「脫歐」，到歐洲極右翼民族主義和排外民粹主義運動興起。此外，還捲入了利比亞內戰、敍利亞危機、烏克蘭危機，以及由此導致的難民問題。

在這種極其複雜的背景下，歐洲需要一個強有力的地區領導，團結和協調各國共同走出困境。在 2008 年之後，經濟實力雄厚且政治穩定的德國悄無聲息地登上了歐洲舵手的寶座。在默克爾（Angela Merkel）總理的領導下，德國發揮了建設性的作用，努力平衡着歐盟 28 個成員國高度差異化的利益，並謹慎地處理着面臨的各種危機。

德國的國徽上描繪着一隻黑鷹，長久以來德國人選擇用它來代表自己的民族性 —— 堅定、勇猛且雄心勃勃。正是這些特性使得這個國家自 1871 年統一以來，就一直影響着歐洲的走勢，無論是走向毀滅還是重生。今天，這只鷹仍然翱翔在歐洲的上空，眾人都不得不仰頭觀望它飛行的方向。

（一）總體經濟實力

德國位於歐洲中心的地理位置，擁有着「歐洲穩定之錨」的經濟地位。德國是歐洲最大的經濟體，也是世界第五大經濟體。德國統計局的數據顯示，德國自 2000 年以來只出現過 4 次負增長，2022 年其 GDP 超過 4 萬億美元，約佔歐盟 GDP 的 1/4。人均 GDP 一直呈現上升趨勢，已由 2000 年的 2.4 萬美元上升為 2022 年的 4.9 萬美元。在歐洲排名第 12 位。德國是歐洲人口最多的國家，2022 年約有 8408 萬居民，約佔歐盟 27 國人口的 19%。在德國，勞動力得到充分的利用，失業率僅為 3%，而歐元區平均為 6%。[1]

在德國，工業在總增加值中所佔的份額為 26.6%（2023 年），是七國集團（G7）中最高的。最強勁的行業是汽車製造、電氣工業、工程和化學工業。九成以上的德國企業是中型企業，即年營業額在 5000 萬歐元以下、員工人數在 500 人以下的公司，它們是德國經濟的核心。這些公司中有 1000 多家是「隱形冠軍」企業，雖然不太知名，但卻是國際市場的領導者。德國也有許多著名的大型跨國企業，如德國郵政、西門子、福士集團、平治集團、德國電信、蒂森克虜伯、寶馬、巴斯夫。在德國和世界 500 和 1000 家最大公司的名單中，營業額排名前 50 位的德國企業除上述公司外，還包括安聯保險、E.ON 能源集團和慕尼黑再保險集團（Flejterski & Jodkowska, 2011）。在這些公司巨頭中有些來自工業領域，他們的產品在全球市場上很受歡迎。

1　本段數據綜合自：德國統計局（Destatis: www.destatis.de），歐盟統計局（Eurostat: https://ec.europa.eu/eurostat/en/）。

德國是 G7 中最開放的經濟體,進出口總額佔 GDP 的比例高達 98.6%。進入 21 世紀以來,德國長期保持貿易順差,2022 年,其貿易順差規模為 880 億美元,最高峰時接近 3000 億美元(2014年)[2]。德國不僅對歐盟國家,而且對世界其他國家都有貿易順差。由於德國產品強大的競爭力,貿易順差持續多年。達成貿易順差的產品傳統上主要是汽車、機械、高科技產品、化學製品和藥品。德國的這種貿易不平衡通常被認為對全球經濟無害,因為不平衡已經持續多年,但沒有產生不利影響。

(二)高生產率與國際競爭力

與歐元區的生產率水平相比,德國在過去 20 年裏大幅提高了工人的工時生產率。德國和歐元區之間的總體生產率差距從 1990年代的 0.4% 上升到 2000 年的 9.3%,這是一項重大成就。德國製造業對此作出了貢獻。實際上,在 1990 年代,德國工業的生產率水平就已經比歐元區的平均水平高出了 8%,到 2000 年,這一差距上升至 11%。然而,德國非貿易部門勞動生產率的躍升才是導致德國與歐元區生產率水平擴大的更重要來源。在 1990 年代,德國和歐元區的非貿易部門生產率水平相當,而進入 21 世紀之後,歐元區其他經濟體的非貿易部門活動輸給了德國同行,生產率差距上升到 9.6%(O'Mahony & Timmer, 2009)。

德國較高的單位勞動成本相對於歐元區其他國家有所下降,1990 年代這一差距為 10.6%,但 21 世紀頭 10 年僅為 7.4%。這完

---

2   Germany: Statistical Country Profile, 2023-07-28, Destatis: www.destatis.de.

全不是由於德國限制了它的相對工資水平，因為它的每小時名義工資相對於歐元區上漲了。德國勞動成本的下降完全來自其出色的生產力表現。由於相對小時工資比相對勞動生產率上升得更快，製造業的相對勞動成本增加了，但因為相對生產率表現得更好，非貿易部門的勞動成本下降了。德國擅長於建立強大的技術能力，這反過來又導致了更高的生產率增長和非價格競爭力。與歐元區其他國家相比，德國製造業沒有壓抑工人的工資，同時，它對非貿易活動的工資限制也沒有比歐元區整體工資限制更嚴格（O'Mahony & Timmer, 2009）。

與大多數歐元區國家不同，德國企業善於抓住全球市場機遇，並在大量專業產品上建立比較優勢。德國企業並不只是關注成本和價格，它們更多地鼓勵製造業活動中的「長期主義」，即集中於建立製造業的非價格競爭力，在「德國製造」中，這意味着強大的產品設計、質量、高科技含量以及可靠性。

（三）應對經濟衝擊

2008 年的全球金融危機對歐洲造成了全面打擊。德國是少數較快克服危機的國家，甚至早在 2010 年，它的 GDP 就恢復甚至超過了危機之前的水平，德國經濟實現了自 1990 年兩德統一以來的最高經濟增長率，達到 3.6%。

如果把德國的復甦放在歐盟語境下觀察，德國這種驚人的應對能力會更加明顯。Storm & Naastepad（2015）的研究指出，歐元區在 2008 年一季度進入衰退，2009 年一季度的增長率大幅下降。依賴出口的德國更是深受重創：GDP 連續五個季度累計下降了 6.6 個

百分點（以 2008 年一季度為基準），但隨後開始復甦了，德國 GDP 在 2011 年一季度反彈至 2008 年一季度的水平。法國雖然一開始的表現比德國好，但復甦卻很緩慢。儘管德國 GDP 花了 12 個季度才恢復，但相比之下，法國的實際 GDP 在 5 年之後的 2013 年四季度才反彈至 2008 年一季度的水平。意大利和西班牙的情況甚至更糟，自 2008 年一季度以來，它們的實際國內生產總值一直呈下降趨勢，截至 2013 年末仍處於低位運行狀態。意大利的實際 GDP 累計下降了 9 個百分點，而西班牙的 GDP 在這 5 年間下降了 7.4 個百分點。2013 年四季度，歐元區整體 GDP 仍比 2008 年一季度低 2.6 個百分點。

由此可見，當其他歐洲經濟體仍在苦苦掙扎的時候，德國卻實現了迅速反彈 —— 出口行業重振、借貸成本降低、外商投資流入、對外貿易出現巨額盈餘和預算平衡。2008 年，德國的登記失業率與歐元區大致相同，分別為 7.5% 和 7.6%，但此後出現了顯著的差異。2013 年，歐元區的登記失業率上升至 12.1%，而德國的失業率則下降至 5.3%（Storm & Naastepad, 2015）。作為歐元區最強大經濟體的掌門人，德國甚至有能力決定陷入困境的歐元區國家申請進一步信貸的條件。

二、德國經濟發展模式的結構

（一）社會市場經濟體制

1、德國的道路

戰後出現了許多實現經濟奇跡的經濟體，德國具有與它們類似的特徵。德國的特徵可以概括為「社會市場經濟」，它的理論基礎有兩個，一個是秩序自由主義（Ordoliberalism）理論中關於經濟自由的原則，另一個是保護社會的原則，它源自基督教關於社會的教義。社會市場經濟是艾哈德（Ludwig Erhard）提出的一個政策框架，他是阿丹偉（Konrad Adenauer）總理內閣的第一任經濟部長。人們普遍認為，這一理論不僅啟發了 1949 年的憲法，而且還指導了 1950 年代和 1960 年代的許多制度選擇和政策改革，甚至更往後的改革。宏觀經濟穩定、包容性的社會政策以及工業生產的持續增長成為一個統一框架中的關鍵要素，這個系統努力維持着兩大目標之間平衡，一個是完善競爭性經濟秩序，另一個是實現個人和集體福利的持續改善。簡而言之，這一框架突出了德國福利模式中保守的社團主義和國家社會主義原則，它不同於自由主義和社會民主主義模式（Hook, 2004）。

德國的社會經濟模式與美國很不同。在美國，產出增長通常是由國內需求的擴張推動的，增長集中於服務經濟，並與大量的個人

和公司債務相聯繫，而且以高度的社會不平等為特徵。像德國這種規模的國家完全依靠國內市場是不可能維持其強大的工業基礎的，也不可能維持它在高附加值耐用消費品和資本品方面的專業化生產。此外，如果沒有企業家、工會、學校和銀行之間的合作和有紀律的互動，德國就無法保證良好的社會秩序。如果德國專門從事服務業，這種合作和互動就很難進行，因為服務業部門需要的是風險資本、高的物質和社會流動性、頻繁的就業創造和破壞、充足的低薪工作、高企業更替率，以及信貸消費。這種景象與保守的社團主義原則相違背。國際貨幣基金組織（IMF）和經濟合作與發展組織（OECD）建議德國採用美國經濟模式，包括擴大國內市場的消費能力，大力提升第三產業部門的生產率，鼓勵風險投資，提高高等教育水平，以及在服務業部門創造更多的高技能崗位和低工資就業機會（IMF, 2012）。雖然這些建議旨在增強德國實現長期增長的關鍵因素，但德國當局意識到這種模式不容易與德國的歷史、現有的利益聯盟、制度和社會規範相調和。這就是為甚麼德國政黨抵制 IMF 和 OECD 建議的原因。

為增強傳統戰略的有效性，德國採取了一系列措施，如促進企業的靈活性提高生產率，降低勞動成本和社會保障負擔，增加非典型和新型的就業機會，通過貿易和對外投資擴大企業的地理範圍。德國的經濟和政治領導人已經意識到，為了保持其出口導向型經濟，德國必須保持競爭力，並捍衛其國際市場份額，以抗衡世界經濟中增長更快的國家和地區。

2、德國模式的總體結構

德國的政治經濟體系表現出一些獨有的特徵，它們是德國經濟

發展模式的重要組成部分。該模式由微觀和宏觀兩個維度構成，兩者協同運作的方式決定了它們的影響力。

在微觀層面上，德國公司組織及運營所處的制度環境非常重要，尤其是在製造業領域。許多德國公司擁有出色的能力來逐步改進其產品質量和生產流程，部分原因在於，在相對強大的工會的支持下，企業中的勞動委員會為員工提供了一定程度的工作保障，並在管理決策中有自己的話語權，這使公司更容易爭取到他們的合作。因此，許多德國生產商都以高質量著稱，這使它們有能力從質量和價格方面展開市場競爭。這些優勢還取決於具有高技能的勞動力，這些勞動力是通過職業培訓體系培育的，該體系將正規教育和學徒制結合在一起，同時，它建立在工會和僱主協會良好合作的基礎之上（Busemeyer & Trampusch, 2012）。各類僱主協會以及公司之間的交叉持股構建了龐大的公司網絡，這個網絡有利於企業間的共同研發，也有利於企業提高和監督彼此的聲譽。此外，對於威脅企業與其員工緊密關係的惡意收購，公司網絡起到了有效的保護作用。德國模式是「利益相關者」資本主義的一種形式，在這種模式中，一個公司會對員工、客戶、供應商以及股東等利益相關者面臨的困難作出反應，而並不是像英美同那樣只關注公司的股票價格。

在宏觀層面，配套的制度和政策組合增強了微觀層面的制度運作。覆蓋全行業的工會雖然比以前弱一些，但通過與勞動委員會合作，它們能夠與強大的僱主協會就工資水平進行協調，以鼓勵技能形成並抑制單位人工成本的增加。然而，有效的工資約束還取決於支持性的宏觀經濟政策。因此，德國政府通常不願執行擴張性財政政策，以免鼓勵更高的工資設定。多年來，德國央行一直採取

審慎的態度管理着經濟系統，如果出現工資膨脹，它會採取緊縮性貨幣政策予以抑制。無論是在布雷頓森林體系下，還是歐洲貨幣體系下，努力壓低德國馬克的匯率對於促進出口是至關重要的。自1999年以來，歐洲貨幣聯盟也已達到這一目的，因為歐元區較弱的經濟體壓低了歐元匯率。

上述微觀和宏觀層面的制度和政策的結合形成了德國獨特的經濟發展模式，其特徵是製造業規模大，出口 GDP 佔比高（出口將近佔德國 GDP 的一半）。當然，國家的經濟管理行為並非一成不變。多年來，德國的政策圍繞社會經濟目標波動，德國的政治經濟體制也發生了各種變化。為了擴大國際業務，曾經對工業部門施加巨大影響的全能銀行在 1990 年代開始向投資銀行轉型。工會的成員人數最近有所下降，集體談判的覆蓋率也一樣，而勞動委員會在工資談判中則相應變得更加重要。在一定程度上，為了響應歐盟的倡議，德國經濟的許多領域都實施了自由化改革，一些人據此認為，合作型資本主義崩潰了（Streeck, 2009）。但是，德國政治經濟體制的基本特徵仍然有別於其他許多國家，包括英美經濟體。

（二）「德意志公司」

德國資本主義模式的關鍵特徵之一是大公司之間的密集關係網絡，這通常被稱為「德意志公司」（Germany Inc.）。公司網絡是德國「有組織的」資本主義制度的一部分，該網絡起源於十九世紀末的工業化時代，並在 1920 年代和 1950 年代形成兩次擴張浪潮。研究表明，在德國的歷史上，資本網絡的存在並非固定不變。在納粹時代和 1982 年社會民主黨（SPD）和自由民主黨（FDP）聯盟執

政結束時，政府試圖通過法律解散公司網絡。公司網絡的功能也在隨時代而變化。在 1970 年代，該網絡被用來保護公司免受惡意收購。而在 1997 年，德意志銀行卻利用其在蒂森鋼鐵公司監事會的席位，支持克虜伯公司對蒂森的惡意收購（Thelen, 2003）。公司網絡就像其他制度一樣，作為一種可資利用的工具，它的作用可以很不同於最初設置的目的。

在德國，公司之間的競爭嵌入在企業間的合作中，合作的形式表現為交叉持股和互派董事。在其鼎盛時期，公司網絡是一個「準卡特爾」組織，通過良好的內部組織對抗外部影響。它為網絡中的核心成員（首先是大銀行）提供了共同的宏觀經濟取向，即團結一致發展國家經濟，並從中獲取利益。

在阿丹拿時代（1949–1963），幾乎沒人批評銀行權力及其對工業系統的控制權。當時對銀行的政治態度很大程度上是「客戶主義」，國家對銀行的影響力日益被銀行對國家資源的控制所抵消。這方面的一個很好的例子是德意志銀行（Deutsche Bank）與德國重建銀行（Kreditanstalt fir Wiederaufbau）之間的關係，後者曾經負責為德國分配馬歇爾計劃（The Marshall Plan）的資金。銀行對工業控股的行為不僅被國家接受，而且還得到國家的鼓勵。其中一個重要的方面是大額持股的法律特權，即如果投資者持有一家公司 25% 的股份，那麼這一所有權產生的股息無需納稅。同時，出售股份所得的資本利得被課以重稅。因此，保留工業企業所有權的激勵遠遠大於處置所有權的激勵。德累斯頓銀行（Dresdner Bank）收購德國冶金工業公司（Metallgesellschaft AG）25% 的股份就是一個例子。因此，該公司受德意志銀行和德累斯頓銀行共同控制。同樣，德意志銀行及其事實上的董事長擴大了在蘇扎克製糖公司（Südzucker

AG）的持股比例，到 1956 年持股比例達到 25% 的門檻（Gorton & Schmid, 2000）。

促進公司網絡發展的另一個有利條件是，直到 1965 年《公司證券法修正案》（Stock Corporation Act Amendment）通過之前，對所有權份額的披露沒有要求。如果工業股票在銀行資產負債表上被歸類為金融資產而不是關聯公司，即使持股比例超過 25% 也不需要披露。在今天的透明度標準下，這是難以想像的。沒有銀行願意告訴公眾它擁有某個公司的大額股份。1965 年的《公司證券法修正案》對監事會人均授權數量和監事會的最大規模作出了限制。然而，事實證明，這兩項措施實際上沒有任何影響。當銀行經理將監事會的職權轉移到同一家公司的其他經理手中時，董事會交叉關聯的總體架構仍然保持不變。幾十年前，監事會的職能就開始了從公司監管向監督公司合作的轉變，修正案之所以限制監事會的規模，就是為了扭轉這種趨勢。人們普遍認為，銀行監事會的規模過大會降低監管的有效性。作為對法律縮減監事會最大規模的回應，德國商業銀行（Commerzbank）、德意志銀行和德累斯頓銀行設立了額外的委員會，其人員規模、構成以及薪酬與原監事會相同（Beyer & Höpner, 2003）。

在競爭政策與庇護主義的鬥爭上，經濟部長艾哈德（Ludwig Wilhelm Erhard）在基督教民主聯盟（CDU）中一直處於弱勢地位，而阿丹拿很少支持艾哈德的自由主義思想。直到社會民主黨與自由民主黨聯盟執政時期，一些重大的自由化措施才得以通過，其中包括 1973 年的反卡特爾法。此外，為了打破卡特爾組織，社會民主黨人推動國有銀行與私人銀行展開更激烈的競爭。社會民主黨在這方面的表現比 CDU 更傾向於自由主義，這似乎令人費解。一種

解釋是，由於德國企業在第三帝國時期與納粹合作，社會民主黨人和工會對此類競爭和公司治理問題採取了開明的態度。第二種解釋是，凱恩斯主義思想在像席勒（Karl Schiller）和施密特（Helmut Schmidt）這樣的政治家中盛行，他們相信凱恩斯主義的貨幣和需求政策在運轉良好的市場中才有效（Jackson, 2001）。

　　與 1950 年代和 1960 年代的政府立場相比，社會民主黨對公司網絡的態度變得更加矛盾。一方面，在一些特殊情況下，如當產油國用「石油美元」購買德國公司的股份或為了防止企業破產時，政客們就會呼籲銀行注資工業企業。比如，德意志銀行在 1974 年收購了平治（Mercedes-Benz）57.5% 的股份，暫時成為平治的大股東。另一方面，關於銀行勢力的公開辯論對社會民主黨人有利。1974 年私營的赫斯塔特銀行（Bankhaus Herstatt）破產，社會民主黨人利用這一事件借題發揮，引入銀行事務委員會，以期為德國銀行系統更大的改革製造輿論。銀行事務委員會在 1979 年發佈了它的報告，並建議不應允許銀行在工業企業的持股比例超過 25%。總之，在競爭政策問題上形成了一種隱性聯盟，一方是新自由主義者，另一方是工會和社會民主黨人，他們都傾向於競爭，而不是「準卡特爾化」。只要政策措施旨在管制資本組織，而不是針對勞動力、反卡特爾政策、競爭政策和公司治理等議題，社會民主黨人就不反對市場，而是站到自由民主黨一邊反對 CDU（Höpner, 2003）。

　　與此同時，在經濟專家蘭斯多夫（Otto Graf Lambsdorff）的鼓勵下，自由民主黨從經濟庇護主義轉向經濟自由主義，並採取了一些重大舉措。第一步是自由民主黨經濟委員會在 1975 年出台了一項方案，呼籲公共所有權私有化，並要求制定更強有力的競爭和反壟斷政策。1979 年，蘭斯多夫在德國銀行協會的高峰會議上宣

佈，應該通過一項聯邦法律禁止銀行在工業企業的持股比例超過
15%，而此前的門檻是 25%。這一主張使公眾和銀行管理者感到
意外（Cable, 1985）。

1980 年選舉之後，社會民主黨的財政部長馬特赫費爾（Hans
Matthöfer）宣佈政府打算在新一屆立法會議上通過關於這個問題的
立法。在 1979-1981 年間，政府強烈希望通過法律減少金融企業和
工業企業之間聯繫。只是由於自由民主黨在 1982 年發起了聯盟改
革才使金融公司免受影響。1982 年新任總理柯爾（Helmut Koh）的
政府沒有通過旨在削弱銀企關係的禁止性法令，而是在 1993 年將
「大額持股特權」的門檻從 25% 降低到 10%，這實際上從稅收方面
鼓勵銀行收購工業企業的股份。作為回應，德意志銀行增加了在安
聯（Allianz）的股份，直至達到 10% 的新門檻。1980 年代對德國公
司網絡來說是一個變革的十年，而不是穩定的十年。投資銀行拯救
「德意志公司」的最後一個重大案例發生在 1992-1993 年，當時德意
志銀行增持了大陸輪胎公司（Continental AG）的股份，以幫助該公
司管理層對抗意大利倍耐力公司（Pirelli）的惡意收購企圖（Höpner
& Jackson, 2001）。

（三）勞動力市場

1、職業培訓體系

在國際比較研究中，職業培訓體系及其對勞動力配置和國內勞
動力市場的影響是德國生產模式另一個突出的特點。在德國，很大
一部分勞動人口的職業培訓是以學徒制形式組織的。由於在職培訓
與職業學校教育相輔相成，它被描述為一個「二元」系統。這個系

統不僅使工人具備行業實際生產所需的技能，而且還為工人提供通用的技能資格證書。人們普遍認為，高技能勞動力是以出口為導向的高工資經濟體的先決條件之一。它使企業通過專注於品質化和定製化的產品來避免惡性價格競爭（Lane, 1995）。

製造業的學徒制有助於挑選和吸收那些被排除在中產階級職業之外，但聰明上進的年輕工人從事需要技能的生產工作。雖然一開始他們只是藍領工人，但隨着工作經驗的積累以及參加職業夜校接受進一步培訓之後，他們有機會晉升為白領技師，這樣一來，學徒制的吸引力就進一步增強了。對德國和法國的比較研究表明，這種制度鼓勵拓寬技能基礎、增強培訓和向上流動，這些要素創造了普遍認同的職業文化，進入這個系統的工人不存在社會身份的差異（Lane, 1995）。這反過來對生產力和創新都有好處。「二元」職業培訓體系並不局限於製造業。相反，現在有一半的學徒接受白領職業的培訓。

職業培訓以國家、公司、協會和工會之間的合作為基礎，也以公司願意投資培訓和年輕人願意接受學徒訓練為基礎。很明顯，在全社會層面上進行必要的合作以及公司和個人的動機都是在複雜的歷史發展中形成的，並取決於特定的經濟和社會情況。

2、集中式集體談判

在德國模式的國家制度框架中，獨特的勞資關係體系被普遍認為是主要支柱之一。它的基本特徵是所謂的「二元結構」，即工人不僅參加企業層面的管理，還參加行業部門層面的集中式集體談判，這樣做可以把兩個不同領域的利益衝突做功能性區分。一方面，勞動的「出售條件」，即工人的工資、工作時間、一般工作條

件等是由工會與單一僱主或僱主協會之間的自由集體談判決定的。另一方面，勞動的「使用條件」，即集體議定條款的轉換、工作組織形式等是在企業一級由管理層和勞動委員會訂立的。

　　國家的作用被限制在為勞資關係提供一個法律框架上，大部分是程序性法規，這些法規是由勞工法院制定的。高度法制化的勞資關係被普遍看做是德國體制高度穩定的基礎。只有當利益聯盟和權力關係發生徹底轉變的時候，根本性變革才可能發生（Möller, 2015）。

　　德國的集體談判提供了一個宏觀層面的約束系統，是德國生產模式的特殊性所在。集體協議主要在部門一級由僱主協會和工會的代表進行。因此，部門集體協定或多或少保證了某一部門的所有僱員的基本收入和工作條件，而不論其個別僱主的經濟表現如何。因此，集中式集體談判就像一個卡特爾，把勞動力成本從勞動力市場的競爭中剔除，為所有公司創造同樣的條件。其結果是，各公司採取短期勞動力成本削減戰略的能力多少受到限制，因此，它們不得不設法提高長期生產率。這種集中式集體談判的「生產力和創新功能」一直是德國經濟生產模式良好運轉的主要動力。一直以來，這種生產模式更多依靠的是品質競爭策略而不是價格競爭策略（Streeck, 1995）。

　　集中式集體談判的執行在組織上依賴於強大和積極的協會，這些協會能夠確保其成員接受協定。二戰後，德國發展出一種集中式的協會結構。在工人方面，行業工會被建立起來，這種工會旨在將特定行業內部的所有僱員組織起來。儘管德國的工會參與率一直在 30%-40% 之間，但德國聯邦政府下屬的工會成功地建立了近乎壟斷的代表權。僱主方面的情況與工會類似，也是按照行業進行

組織，前西德 70% 以上的公司都是僱主協會的成員。以國際標準衡量，德國公司的組織化程度很高，這意味着，即使是僱主也廣泛接受了德國的集體談判制度。因此，集體協議的覆蓋率非常高。1990 年代末的一項調查顯示，約 83% 的西德僱員受集體協議的保護（Seewald, 1997）。

與其他國家相比，通過勞動委員會和公司監事會裏的僱員代表，僱員們在公司一級擁有較大的知情權、質詢權以及共同決定權。結果，德國的企業深受社會監管的影響，但在經濟決策問題上，這種監管不具有「管理特權」。勞動委員會在法律上必須遵循與管理層「信任合作」的原則，並必須考慮公司的利益。因此，政府一般禁止勞資會議發起抗爭性行動。

勞動委員會有權監督集體協議的執行情況，但只有當現有協議將某些議題移交到企業層面時，勞動委員會才能展開談判。行業部門內的多僱主談判機制能夠讓企業規避相互衝突的協議條款和條件。集中式集體談判具有保證命令執行和維護穩定的功能，它是在公司層面構建穩定、低衝突和高度信任關係的制度前提。工人利益的代表一般採取實用主義的態度，支持創新過程，而且與其他國家相比，工人代表很少把工作組織的變革作為談判議題。工人的參與導致了公司戰略的長期主義，這種戰略傾向於通過讓工人在人事政策中發出自己的聲音來防止頻繁的聘用和解僱行為。由此改善的人事管理和更穩定的就業狀態鼓勵僱主對勞動技能提高投資水平（Weber, 2015）。

三、德國模式的挑戰

儘管一個國家的政治經濟體制受歷史慣性的影響會在長時期內保持一些較為主要的制度框架和制度安排特徵，但它是在不斷演進的。當遇到重大外部因素衝擊時，這種制度上的變化會顯得非常激進。對德國而言，有幾個重大的歷史事件對它長期保持的社會市場經濟體製造成嚴重的挑戰，並迫使其作出相應的制度調整。這些事件包括，1990 年的兩德統一，經濟全球化浪潮以及歐洲一體化。

（一）兩德統一

1990 年 10 月 3 日，前德意志民主共和國加入德意志聯邦共和國，整個西德的行政和憲法制度擴展至東德。所有西德的政治、法律和社會經濟制度，包括勞資關係，都移植到東德。統一後的東德集體談判政策必須處理兩個不同的、在一定程度上矛盾的目標：一方面，僱主和工會必須考慮轉型過程中巨大的經濟困難，特別是在工業部門。另一方面，東德人民急切期盼自身的工作和工資條件能夠快速達到西德的水平，而隨着東德生活成本的快速上漲，這種渴望變得更加強烈了。決策者必須滿足這種期望。

考慮到兩德統一的特殊政治環境，參與集體談判的雙方最初都同意將東德的工資和工作條件平穩過渡到西德的水平。在某些部

門（如東德的金屬工業），集體協議包含一項分階段實施的計劃，逐步將東德的工資水平按照特定的百分比最終提高到西德 100% 的水平。1990 年秋兩德統一後，一個東德員工的平均毛收入只有西德員工的 35%，到 1995 年則增長至西德的 72%。對於大多數西德公司在東德的分支機構，1996 年集體商定的基本工資是西德水平的 80% 至 90%。然而，由於工作時間和年度獎金發放的差異，東西部之間的實際收入差距仍然巨大（Wiesenthal, 2003）。

東德的集體談判是在一場巨大的「轉型危機」下展開的。在 1990 年，德國貨幣統一衝擊發生之後，以前受到良好保護的東德經濟不得不在自由市場經濟條件下運轉。此時，大多數前東德公司突然失去了競爭力，以及大部分市場份額。作為前東德傳統經濟支柱的工業部門受到的市場競爭衝擊尤其巨大。許多東部的工業公司被迫關閉，結果，東德經濟開始了大規模的去工業化進程。

在東德經濟持續低迷的背景下，集體談判政策面臨越來越大的壓力。按照東德最初的集體協議，東德的工資增長速度超過了它的生產率，這導致東德的單位勞動力成本快速上升。考慮到這一點，東德的集體談判政策受到了普遍的批評，人們認為它是阻礙經濟復甦的主要原因。自 1992-1993 年以來，東德的集中集體談判制度有被明顯削弱的趨勢。首先，在東德的公司中，那些屬於僱主協會成員，並且被僱主協會集體協議約束的公司數量大大低於西德，不同行業的比例有差異，從化學工業的 75% 到金屬工業的 35% 左右不等。在金屬工業中，屬於僱主組織的公司數目已從 1992 年的 60% 下降到 1994 年的 35%，但仍佔僱員總數的 55% 至 65%。雖然大多數大公司仍然屬於僱主協會成員，但許多新成立的中小型公司則拒絕加入僱主協會。其次，越來越多的公司在法律上受到協會一級

集體協議的保護，但實際上，它們的工資和工作條件都低於集體商定的標準。通常情況下，如果面臨進一步裁員的威脅，許多勞動委員會甚至地方工會為了保障就業都準備接受更低的工作條件。據估計，在金屬工業部門，採用了這種「退讓式合作」的東德公司，其比例在 20%-60% 之間（Pohl, 2000）。

僱主協會和工會努力應對這些趨勢，措施包括進一步適度提升工資，推遲逐步適應德國西部工資水平的計劃，對於某些個別公司引入「退出選擇」的條款。後者最突出的例子是 1993 年《東德金屬工業集體協定》引入了「困境條款」。根據這一條款，有破產風險的公司可以向僱主協會和工會申請「經營困難」地位。如果雙方同意，公司可以在一段有限的時間內將工資降至一般集體協議規定的水平以下。對困境條款使用情況進行的首次評估顯示，有 180 多家公司申請使用這一條款，其中約有一半申請被接受。然而，使用困境條款的經濟效果相當有限，因為「高工資」不是東德公司經濟問題的關鍵（Wiesenthal, 1998）。

東德經濟的轉型危機創造了一種社會和政治氛圍，促使越來越多的僱主想要退出一般集體協議。東德成了踐行靈活而分散的集體談判制度的先鋒，這深深地影響了西德關於勞資關係的政治討論。許多西德僱主試圖把他們在東德的子公司當作「試驗田」，以弱化集中式集體談判制度，並在公司層面推動勞資關係的轉變。這種做法有潛在的危險，即資本家試圖把東德當作為一個低成本、低工資的地區來利用，如此一來，東德的生產率水平就無法提高。最終，由於低工資生產的盈利機會會誘使德國公司放棄產業升級的努力，東部的低工資生產體制可能會侵蝕西部以高工資和高技能為特徵的生產體制。

（二）經濟全球化浪潮

1、投融資體系轉向

從歷史上看，德國的金融體系是建立在大型私人投資者基礎上的，他們對所投資的公司有詳細而準確的了解，並長期持有這些公司的資產。大型公司和銀行通過相互間的交叉持股和互派董事構造了一個緊密而廣闊的關聯網絡。一般來說，公眾並不直接參與工業的融資過程（例如購買工業企業的股票），而是間接參與其中：他們把錢存入銀行，然後由銀行向工業借款人提供貸款，這些銀行也常常代表儲戶管理小額股份。該制度被視為德國「社會市場經濟」的組成部分。在投資者與公司管理層相互高度信任的情況下，這種模式為公司的擴張提供了充足的資金。與此同時，銀行和企業之間的密切關係促進了它們在其他普遍關心的問題上的合作。由於這種模式有利於管理和合作關係的穩定，勞資關係也從中受益。這樣，公司就成為了涉及多方的「利益聯盟」，不僅包括管理層，還包括工人和其他利益相關者。

隨着經濟全球化的到來，這種投融資體系受到了以市場為基礎的金融體系的挑戰，而這正是英美經濟的特點。在英美市場中，「外部」投資者與企業沒有密切或持續的關係，他們購買股票只是為了財務上的回報（如股價上漲、獲得股息），而不是為了其他形式的合作。公眾一般通過單位信託等機構投資者和證券市場向企業提供資金，而非銀行系統。隨着美國金融市場的不斷壯大，以及向全球市場的滲透，這一投融資體系的優勢突顯出來 —— 它可以從世界上任何一個地方獲取大規模的投資資源，同樣也可以滿足世界上任何一個地方的金融需求。

儘管德國的金融結構在量上的變化比較緩慢，但在企業戰略的重新定位方面，變化卻很迅速。而政府也鼓勵它們這樣做，例如，在 2000 年的稅收改革中，新的稅法取消了阻礙公司交叉持股結算的稅務責任。對於企業面向股市的戰略轉變是否意味着德國社會經濟體系面臨着更全面的調整，人們有各種各樣的看法。Vitols (2004) 對德國體系的連貫性做了深入研究。他認為，企業似乎變得更加重視股東利益，但這是一個漸進的變化過程，它「增強」而不是顛覆了其他利益相關者（包括員工）在企業治理中的地位。由於制度互補性的存在，外部壓力並不能使某些社會經濟系統發生激進的變革。與上述觀點相反，Lane (2003) 在回顧了非常相似的趨勢後認為，德國的公司治理體系正在向英美模式趨同，資本市場的轉變以消極的方式影響着勞資關係，並對德國的多元化優質生產模式構成威脅。

2、公司網絡的瓦解

在 1950-1960 年代，德國公司網絡的凝聚力來自一個普遍接受的國家取向，即使合作會使網絡中的核心參與者處境更好。由於大型金融公司投資了大量工業公司，德國工業任何一個重要部分出問題都會危及網絡核心成員的股票價格和信貸數量。為了保證國家經濟系統的順利運行，防範企業危機的發生，網絡中每個核心參與者都願意在必要的時候開展合作與干預。從 1970 年代開始，這種網絡內部的核心共識變得日漸脆弱。在金融部門內部，日益增加的競爭壓力和戰略分歧不斷侵蝕着網絡中的共同經濟取向。

國內金融部門和國際經濟競爭的加劇，導致了德國大型銀行逐漸向投資銀行轉型。1997 年是德國銀行業歷史的分水嶺。傳統上，

公司網絡被視為公司免受資本市場影響的保護傘。然而，在 1997 年，德意志銀行利用其在蒂森公司監事會中的權力，安排了克虜伯公司的惡意收購企圖，這徹底顛覆了公司網絡的傳統職能。

在銀企紐帶與資本市場需求之間不斷變化的關係中，蒂森被惡意收購是一個極端的例子，但並非特例。1990 年代末，以「股東價值」為導向的戰略在公司網絡內部和外部逐漸得到認可，在公司網絡中擁有最多監事會席位的一些管理者支持這種價值取向。其中包括安聯保險、德意志銀行、蒂森克虜伯（ThyssenKrupp）、西門子、戴姆勒—克萊斯勒（Daimler Chrysler）等企業巨頭的管理者。當資本市場高標準取向在德國公司網絡內部擴散的時候，核心參與者的國家取向以及風險內部化機制則被弱化了。德國前總理施羅德（Gerhard Schröder）在 1999 年曾試圖說服銀行投資陷入危機的霍爾茨曼建築公司（Holzmann），在這一過程中，他遇到了極大的阻力（Beyer & Höpner 2003）。

在國際投資銀行業務中，與工業企業的密切聯繫是與競爭對手達成交易的障礙。如果投資銀行把保護國內工業企業作為自己的商業目標，它不可能建立起良好的聲譽。因此，銀行戰略的重新定位會大大加速公司網絡的瓦解。此外，大型銀行通過減少關聯董事的數量來減少對工業企業的監管。2001 年，德意志銀行宣佈全面撤出外派的非金融監管委員會的席位。儘管安聯保險公司仍然保持與工業公司密不可分的聯繫，但與大型銀行一樣，它也在重新定位。安聯已開始改變它的投資行為，從穩定持有工業企業股份轉向積極的資產管理。安聯旨在增加投資行為自由度的重大改革可追溯至 1985 年。在積極資產管理概念問世之前，安聯就已經通過從數量龐大的公司手中每家收購少量股份來實現投資組合的多元化，而不

是通過收購少數公司的大份額股票來獲得行業影響力。如今的安聯更像是一家共同基金，而不是老式「德意志公司」的戰略合作者。

3、被侵蝕的集體談判能力

由於跨國資本的流動性強，各國調整了社會和福利制度以便吸引跨國投資，實現增加社會財富和就業的目標。有人認為，在這種情況下，國家的主要職能必須從戰後傳統的「凱恩斯主義福利國家」轉變為新型的「熊彼特式競爭國家」（Paraskewopoulos, 2017）。

與其他國家一樣，德國關於全球化的辯論對其勞資關係的發展有重大影響。在經濟全球化的新形勢下，戰後以高工資和高生產率為特徵的德國資本主義體系似乎正在失去其以往的效率。作為經濟活動的地點，德國因成本過高、監管過度，難以在世界市場上展開競爭而受到指責。由於產業資本在選擇生產地點方面有更大的自由度，越來越多的企業能夠將其生產活動轉移到其他國家，集中式集體談判制度決定和維持普遍有約束力的工資和工作條件的能力被弱化了。

跨國生產網絡從兩個方面侵蝕了部門集體談判的能力。首先，越來越多企業可以通過產業轉移來規避多僱主談判制的壟斷勢力。第二，在國際競爭日趨激烈和大規模失業不斷增長的背景下，企業要求弱化部門集體協議的約束力，用「現代化和競爭」的目標替換「維護穩定和生產力」的傳統目標。

在全球化時代，跨國生產網絡的出現使企業與當地勞工組織之間的權力關係發生了顯著的轉變。企業管理層可以通過把生產線轉移至其他國家或地區的威脅性行動迫使勞動委員會讓步，這種情況越來越頻繁。有時，這些勞動委員會作出的讓步已經低於集體協商

的標準，實際上，正式地說就是非法行為。這種「退讓式合作」的一個突出例子發生在 1996 年德國的菲斯曼供暖公司（Viessmann）。為了防止該公司把一個工廠轉移到捷克共和國，勞動委員會接受了公司將每週工作時間延長三個小時且不支付額外薪水的做法。一項調查顯示，90% 的員工因為擔心失去工作而只能表示支持（Hassel & Schulten, 1998）。供暖公司的例子是多僱主談判體系逐漸失效的徵兆。全球化使企業可以選擇的生產地點和生產條件都增加了，因此勞資之間的權力關係發生了變化。

（三）歐洲一體化

自歐洲經濟與貨幣聯盟（EMU）成立以來，歐洲內部經常賬戶失衡顯著加劇。簡而言之，德國和其他核心國家（即奧地利、荷蘭、芬蘭）積累了巨額的外部盈餘，而「外圍」國家（希臘、愛爾蘭、意大利、葡萄牙和西班牙）的外部赤字相對於核心國家和世界其他國家都在不斷增長。兩者的經常賬戶失衡反映了競爭力方面的不同趨勢，單一貨幣政策的引入對競爭力有很大影響。人們原以為，通過在歐元區內消除可變的名義匯率可以迫使外圍國家的價格和工資變動與更嚴格自律的國家保持一致。然而，這種樂觀的預期忽視了歐元區成員之間的結構性差異。在 2008 年全球金融危機爆發之前，歐元區沒有採取再平衡的措施，而且也沒有固定的機制促進再平衡。

在金融業和房地產業繁榮的推動下，大多數擁有巨額外部赤字的國家都實現了高速增長。良好的財政業績和不斷下降的失業率、房地產泡沫、巨額私人債務、銀行高槓桿率以及巨額貿易赤字表

明，外圍國家存在結構性問題。然而，無論是外圍國家還是歐盟當局都不願意冒着破壞繁榮的風險進行干預。相反，核心國家（特別是德國）對其社會保障模式進行了意義深遠的改革，發展了新的勞資關係，並實行了限制性的預算政策，以期提高其國際競爭力。

歐盟當局沒有為了確保更大的趨同而進行積極的干預。首先，當時有效的歐洲條約主要是為了監管和協調財政政策，在宏觀經濟協調和金融監管方面沒有多大作用。其次，德法兩國在 21 世紀初反對歐盟委員會容忍過度赤字的做法，這在很大程度上削弱了歐盟委員會的影響。最後，由於歐洲金融一體化水平的不斷提高、失業率的迅速下降以及歐盟東擴的成功，大多數歐洲領導人都沉浸在盲目樂觀當中（Fernandez-Villaverde et al., 2013）。

有人認為，要解決歐元區外圍國家的競爭力問題，這些國家就必須面臨長期的內部調整，使物價和名義工資增速低於德國。整個歐洲實施的限制性財政政策明顯加劇了歐元的通貨緊縮，通縮環境將使外圍國家在經濟和政治上的重新調整變得非常困難。許多人堅持認為德國應該接受更高一些的內部通貨膨脹，增加國內的公共和私人需求，通過其歐洲穩定機制（ESM）和國際貨幣基金組織向有需要的國家提供金融援助，並同意歐洲央行主導的特別舉措。

然而，德國不願為外圍國家紓困，這是造成歐元區僵局的關鍵。德國有自己的考慮。首先，實施有利於外圍國家的財政和金融干預成本巨大。其次，向外圍國家伸出援手意味着德國政府要扭轉一貫的緊縮措施，這與德國保守的社會經濟模式相衝突。德國在過去近 20 年的時間裏為應對內外部挑戰進行了卓有成效的內部體制改革，援助外圍國家會破壞來之不易的改革成果。最後，外圍國家要走出困境，必須具有完成調整所需的政治決心和社會紀律，而不

是利用更為寬鬆的宏觀經濟環境來增加工資和公共支出。如果做不到這一點，對外圍國家過於慷慨的支持可能會削弱德國出口部門的競爭力，從而危及德國在全球貿易和生產中的領導地位，最終破壞德國社會經濟模式的穩定。

然而，如果 EMU 解體，其後果對德國和外圍國家來說都將是破壞性的。德國的直接財政損失將來自財政援助方案的數額，如果外圍國家的私人和公共部門拖欠債務，就會產生更多的損失。此外，外圍國家的總需求將進一步萎縮，這會對德國出口部門產生負面效應。如果歐元崩潰，外圍國家貨幣貶值，德國將失去部分出口價格競爭力。德國還將放棄成為歐元區內最大的 AAA 評級國家，以及擁有單一貨幣政策的許多好處。歐洲一體化事業的崩潰還會導致歐洲貿易和金融關係的破裂，而這些關係一直給德國帶來巨大的利益。最後，EMU 的解體將給德國帶來嚴重的政治後果，很有可能挫敗德國成為全球領袖的抱負（Drudi et al., 2012）。

這就是德國模式面臨的兩難困境。放棄「不紓困」原則將導致相關的短期和長期成本，以及歐元的解體。德國在歐債危機期間的立場變化反映了這種困境。隨着時間的推移，德國當局已同意採取某些形式的緊急干預措施，以支持外圍國家擺脫困境。德國已經逐漸放棄了在處理希臘債務危機問題時採取的懲罰性措施，它批准了一些援助計劃，建立了新的歐洲金融體制，接受或容忍了歐洲央行採取的非常性貨幣措施。

然而，德國當局不同意任何系統的和巨額的跨國財政資源轉移。這除了會加重德國納稅人的負擔外，德國堅決反對建立永久性財政轉移機制的理由是，這種機制將使某些區域的私人和公共消費水平與其創造收入的能力持續分離，形成對補貼的依賴性，並助長

這些區域的惰性，導致地方政治家不需要對當地人民的福利盡心盡責。即使是批評德國對歐洲債務危機態度的評論家也承認，歐元區內部大規模和長期的財政轉移支付是不可取的（Tilford, 2012）。也因為這個原因，德國試圖在歐盟層面達成一個共識，即在財政、勞工、金融和宏觀經濟問題上，不遵守歐盟委員會建議的國家不能獲得財政援助。

四、德國模式的未來

（一）模式的多樣性

主流的經濟分析常常認為，資本主義經濟的運作方式都是一樣的。按照這種觀點，各國經濟獨特的制度特徵被看作是對理想狀態的偏離，這種偏離會抑制而不是提高國民經濟的績效，因此有必要通過結構改革來消除它們。美國經濟體系經常被推崇為最接近這種理想狀態的模式。這種觀點不願意承認，經濟成功所依賴的制度安排不止一種類型。其中一個例證就是，德國模式有時被其歐洲鄰國視為應該追求的理想類型，而非美國模式。德國模式的概念之所以有用，就在於它提醒了我們上述事實，並指出了政治經濟制度如何影響經濟績效。政治經濟制度是一種「基礎設施」，它支持着企業和其他行為主體在諸如勞資關係、公司治理、技術轉讓、標準制定和技能形成等領域進行協調與合作。當然，有些制度阻礙了經濟績效的提高，但另一些制度卻對經濟效率具有內在的影響。許多研究表明，經濟繁榮可以從類型迥異的政治經濟制度中產生。研究者需要研究的問題是，哪些制度有利於促進經濟績效或福利，以及各種制度如何相互作用才能實現這一目標（Amable, 2003）。

（二）模式的動態性

德國形成於戰後初期的社會市場經濟模式可持續嗎？從長期來看，它面臨着一系列嚴峻的挑戰。較低的出生率最終將減少德國勞動力的規模及其潛在的經濟增長速度，除非有更高的移民水平能夠填充未來的勞動力短缺。但是移民在政治上並不受歡迎，移民很少具備德國製造業所要求的高水平技能。因此，增加移民只是權宜之計，移民人數不可能高到可以確保經濟持續增長。

其次，任何經濟體未來增長所依賴的投資水平，在最近幾十年中，無論是在私營部門還是在公共部門，都處於較低水平。這部分是由於自 2000 年以來生產率的增長一直很緩慢。私營部門的投資問題與德國公司成功降低單位勞動成本的增長率有關。因為只有當勞動力成本變得高昂時，企業才會有動力進行技術和設備投資，以便節省勞動力。在公共部門，投資問題與社會福利項目的擴展有關，社會福利項目消耗了原本可能用於資本投資的資源，尤其是當政府對支出赤字保持警惕的時候。社會福利項目在政治上難以削減，因為它們通常被視為公民應該享有的權利，而資本預算的削減卻很容易得到公眾的支持。

再次，德國的能源成本現在比其他競爭對手高得多，例如，美國正在使用水力壓裂的新技術開採石油和天然氣，未來它的能源優勢要大大超過德國。此外，由於德國的能源供應高度依賴於俄羅斯，而德俄關係波動很容易影響到德國能源供應的安全性。儘管德國正在開發新的可再生能源，但國內核電站的關閉也給它的能源價格帶來壓力。由於能源價格影響德國的出口成本，因此德國無法忽視。

最後，一些分析家認為，在國際競爭和自由化改革的巨大壓力下，原先鼓勵德國公司之間相互合作，從而提高協調性和公共產品共享的準則受到了侵蝕，自由化改革清除了原本支撐合作準則的一些制度約束。在這種情況下，以戰略協調能力為中心的德國模式無疑會受到威脅（Streeck, 2009）。

　　諸如此類的挑戰意味着，我們不能認為德國模式的持續成功是理所當然的。為了繁榮，德國將不得不應對這些挑戰，這可能需要德國在體制和政策上進行調整。但是，根據歷史經驗，如果不對政治經濟結構進行大規模改革，德國可能無法應對這些挑戰。畢竟，德國過去曾遇到過這樣的挑戰，例如兩德統一。統一是一項了不起的成就，通過採取協調一致的行動，西德在不破壞整體社會經濟模式的情況下統一了東部各州。當然，統一涉及對原有模式的一些調整，畢竟，所有國家的發展模式都會隨時間推移而發生變化。在這種情況下，統一過程中不可避免一些錯誤、真正的犧牲和某些痛苦，但改革展示了德國模式驚人的調整能力。

　　德國的調整能力植根於它的政治經濟結構之中，這種結構能夠促使產業集團和政府就重大經濟問題採取一致行動。然而，協調並非總是順利的，有時候產業集團只有在政府施壓的情況下才會採取行動。有些制度安排比較寬泛，這為行動主體的機會主義行為創造了很大的空間，企業有時為了尋求靈活性會背叛一些協議。但是這個系統的靈活性並不一定是它的弱點，因為在某些方面，從長期來看，靈活性有助於德國體制應對不同個的挑戰（Thelen & van Wijnbergen, 2003）。

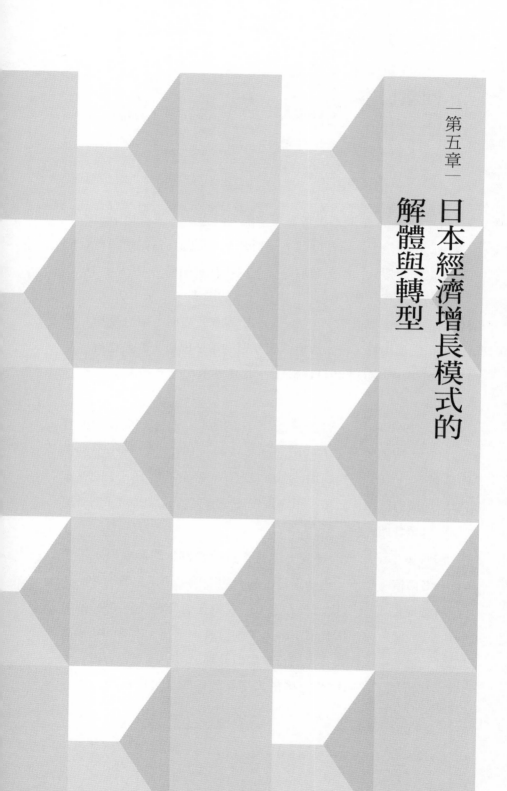

第五章

日本經濟增長模式的

解體與轉型

一、回望日本

日本自 1868 年明治維新實現富國強兵之後，一直是中國的學習對象，不僅是因為它在地理上一衣帶水，更因為它與中國有着相近的文化思想傳統、歷史發展路徑，以及社會結構。1978 年 10 月鄧小平訪日之後，國內掀起了學習日本的熱潮，單是 1978 年，中國各類重要考察團赴日共計 16 次。改革開放初期，中日政治、經濟、文化交流頻繁，日本成為中國學習的重要模板，許多官員、企業家、留學生東渡日本「取經」，一些重要的概念和政策就是從日本引入的。

進入 1990 年代後，隨着經濟泡沫的破裂，日本陷入長期經濟低迷之中，中國學習日本的熱潮逐漸減退。1992 年，鄧小平發表「南巡講話」，其中提到新加坡經濟發展快，社會秩序好，中國應當借鑒新加坡的經驗。此後，中國每年都派遣大量的黨政幹部到新加坡學習各類管理經驗。

儘管發生了這樣的轉變，這並不意味着日本的發展模式不再具有參考價值。相反，無論是日本的成功經驗，還是失敗的教訓，它們所經歷的都值得我們深入思考。尤其是近年來中國也面臨着經濟增速放緩，人口增長率下降，勞動力成本上升，中美的貿易摩擦加劇，這些境況都與當年的日本類似。那麼，中國是否會像日本一樣，在實現了快速增長之後落入增長的陷阱？此時回望日本在

1990 年代發生的轉型以及進入 21 世紀之後的探索，有助於我們準確判斷形勢，理清思路，並採取應對措施。

　　回望日本還有一個原因，我們總結中國模式，必須把它放在一個體制比較的視角下進行研究，只有儘可能多地掌握世界各國發展經驗和路徑的具體情況，才能理解發展模式的多樣性和特殊性，從而找到適合自身國情的發展道路。

二、日本經濟的階梯

　　從天然資源稟賦上說，日本是一個小國，它自身的發展極度依賴和外部世界的聯繫，因此容易受世界政治經濟波動的衝擊。在戰後的經濟發展歷程中，許多重大的歷史事件都深刻地影響着日本經濟的起落。不過，總的趨勢是，日本經濟在順着階梯往下走（圖 5-1）。

　　1945 年戰敗後，美國佔領並改造了日本。隨着冷戰的開始，美國把日本視為在亞洲遏制共產主義勢力的橋頭堡，大力扶持和拉攏日本。1950 年爆發的朝鮮戰爭為日本帶來了經濟上的「特需景氣」。由於美軍在朝鮮戰場上需要大量軍事和後勤物資，從而刺激了日本的工業生產，這幫助日本快速走出戰後的經濟蕭條，為日後的經濟起飛奠定基礎。

　　從 1956 年到 1991 年的 30 多年間，日本的經濟增長經歷了兩個梯度分明的階段。1956 至 1973 年間，日本 GDP 的年平均增長率達到 9.1%，這就是所謂的「高速增長期」。1970 年代，有兩個重大事件使日本的經濟增長減速，一是越南戰爭在 1970 年代初接近尾聲，美國的軍需產品訂單減少，日本無法再像以往那樣借局部戰爭的東風驅動增長。二是發生於 1973 和 1979 的兩次石油衝擊。日本是全球最大的石油進口國，油價暴漲極大地推高了日本的生產成本。為此，政府進行了產業結構調整，由以重工業（如鋼鐵、造

船、石化）為主轉向以輕工業（如汽車、電子）為主。同時，政府利用浮動匯率制，實施日元對美元的貶值政策，提高產品的國際競爭力。

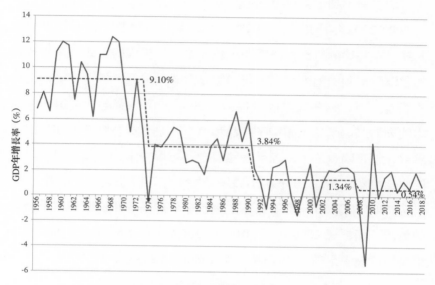

圖 5-1　日本長期經濟增長（1956-2018）

數據來源：日本統計年鑑（歷年）[1]

進入 1980 年代，美國為扭轉對日的長期巨額貿易赤字，迫使日本於 1985 年簽訂《廣場協議》，此後日元急速升值。日元升值導致企業生產向海外轉移，日本國內產業出現空心化，過剩的流動性進入股市和房地產市場，催生了泡沫，形成長達 5 年的「泡沫景氣」。1974-1991 年這個時期被稱作「穩定增長和泡沫經濟期」，GDP 年均增速為 3.84%。而到了 1991 年，政府為抑制通脹，採取

1　日本總務省統計局：https://www.stat.go.jp/english/data/handbook/index.html。

了緊縮性金融政策，結果導致股價和地價大幅下跌，經濟泡沫被刺破後日本經濟進入超低增長時期。

　　日本經濟在 1992 年陷入長期停滯。接下來的 10 年，GDP 年平均增長率不到 1%，因此被稱為「失去的十年」。儘管經濟增長率在 2003-2004 年小幅上升至 2%，但這種短期復甦並沒有結束通貨緊縮。在長期的經濟停滯期間，政府希望用擴張的財政政策和寬鬆的貨幣政策刺激國內需求，將通縮壓力降到最低。但是，從增長率的表現上看，這些政策收效甚微。2008 年全球金融危機爆發，日本的高附加值產品，如電子產品和汽車，是全球金融危機期間消費者最先停止購買的大宗商品。隨着全球市場需求的急劇下降，日本的出口大幅下滑，2009 年出口總額比上年下降了近一半。在 1990 年至 2000 年的 10 年間，日本的增長率低於美國和歐盟等其他發達經濟體。而根據 2000 年至 2011 年的數據，日本經濟進一步下滑，增長速度幾乎是前幾十年的一半（Siddiqui, 2015）。

三、高速增長體制的結構

　　日本在 1956-1991 年間快速的經濟增長現象被稱為「日本奇跡」，這吸引了大批學者對其進行詳細的研究。儘管在許多細節問題上還存在不少爭論，但可以肯定的是，「日本奇跡」的背後有一套特殊的政治經濟體制支撐着。日本這一時期的經濟增長機器是精巧而複雜的。它由多個行為主體按照特定的制度安排行事及相互合作，圖 5-2 對其進行了簡要的概括。政府、企業、銀行、勞動力是關鍵的行為主體，而主銀行制度、經連組織、勞工制度、終身僱傭制等構成了高速增長體制的要件。

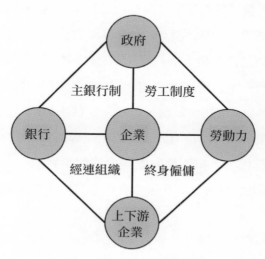

圖 5-2　高速增長體制的結構

當時，這個系統運行得非常好。通產省負責決定重點發展的目標產業，日本經濟團體聯合會（経団連）等組織協助執行通產省的產業政策。工會組織同意接受一年一度的「春鬥」談判機制，為所有工人設定合適的工資率，不再追求階級鬥爭。大藏省確保銀行向大型製造商提供資金，這些製造商從戰前強大的財閥重組為相互支持的企業集團。在企業集團內部，「貿易公司」收購製造商的產品，並負責大規模輸出海外市場。無論是在私營部門還是公共部門，儘管日本的許多制度安排與美國和歐洲國家幾乎沒有甚麼相似之處，但在不同的制度安排下，類似的經濟激勵也在起作用。

（一）自民黨政府

戰後日本政治的一個顯著特徵是自由民主黨（簡稱自民黨）長期掌控政權。自民黨的長期執政是理解日本高速增長體制的關鍵。

自民黨成立於 1955 年，由當時日本的自由黨和民主黨合併而成，它至今仍是日本最大的政黨。直到 1993 年，它一直主導着國會和行政部門。學者們把 1955 年到 1993 年這段時間的政治體制稱為「55 年體制」。在那些年裏，自民黨是佔主導地位的政黨，但與此同時，它派系眾多，權力分散，首相領導能力薄弱，與國家官僚精英分享決策權力，早期還面臨強大的競爭對手 —— 日本社會黨的挑戰。在這種情況下，許多因素有助於自民黨長期執政（Scheiner, 2006）。

從 1955 年到 1980 年，自民黨的選票份額單調下降，但反對黨的分裂使自民黨保持了多數席位。此外，農村選民是自民黨的堅定

支持者，分配不當的選區使得農村選民更有優勢，他們幫助自民黨獲得了更多的席位。其他因素也起了作用。日本的財政中央集權和單一制體制滋生了「裙帶關係」，自民黨充分利用這種關係來動員對他們的政治支持。每個選區的自民黨代表都與當地議會的政客建立了庇護關係，並充當了「管道」，為當地選民，尤其是農村地區的選民，輸送利益。自民黨還與強大的社會團體（如郵政、農業和建築業的組織）建立了關係，利用他們爭取選票（Krauss & Pekkanen, 2004）。

自民黨政府通過產業政策促進了 1960 年代之後的快速增長，社會財富、就業和財政盈餘通過政治關係網絡進行分配。由於犯罪率和失業率都很低，加上集體和個人福利不斷提升，許多日本對自民黨政府抱有好感，並支持其繼續執政。

自民黨政府在成立後的 20 年裏非常穩定。與其他政權頻繁更迭的代議制民主國家相比，日本有更穩定的政治環境發展經濟。在一個穩定的政權中，短視的政治動機必然減少，政治家有所作為的時間延長了。政權的穩固使得自民黨政府有能力制定長期的經濟發展規劃，推行包括產業政策、財政政策、貨幣政策、貿易政策在內的一系列宏觀經濟政策，統籌和協調各類市場行為主體和資源，凝聚社會和市場的力量促進經濟快速增長。日本產業的動態發展集中體現了這一模式的優勢。

日本的產業政策通常根據國內外的市場情況分配資源。為了讓資源的使用效率更高，政府將目標對準收入需求彈性高、生產率和增長速度快的行業。政府根據要素稟賦的相對變化，不斷調整產業發展目標。在 1950 年代，日本勞動力相對充足，紡織品和消費電子產品成為重點發展目標；隨着資本日益充足，鋼鐵、航運和汽

車等重工業受到青睞；在 1970 年代和 1980 年代，當積累了足夠的人力資本和技術水平時，日本又開始大力發展半導體、計算機和先進電子等高科技行業。儘管政府積極干預目標行業，但它仍然依靠市場力量來決定該行業企業的優勝劣汰。在公私合作項目中，先進的生產技術往往同時提供給幾家企業，因此這些企業仍然面臨生產和銷售方面的競爭壓力（Komiya, 1988）。

在鼓勵國內企業競爭的同時，政府在很長一段時間內對國內市場採取保護措施，外國投資受到嚴格限制，外匯使用和技術採購需要獲得政府許可，在某些情況下非競爭行為得到容忍甚至提倡。日本的經驗表明，進口限制並不妨礙快速增長和強大出口能力的發展。封閉的國內市場還增強了政府官員要求國內企業提高出口績效的權力。特別是在 1950 年代和 1960 年代初，外匯供不應求。通過分配外匯，政府能夠對關鍵原材料和外國技術進行配給。如果企業無視官方的「行政指導」，它將受到政策的冷落。日本產業政策的另一個值得注意的特徵是反壟斷政策的極其薄弱，政府經常試圖防止「過度競爭」。官員們還試圖通過提高集中度、控制准入和投資以及在經濟衰退和動盪時期組織卡特爾來實現產業「合理化」（Komiya, 1988）。

（二）「經連」系統

企業是推動經濟發展的主體，日本戰後的高速增長離不開一種特殊的生產組織方式，即「經連」。經連是擁有巨大市場支配力量的卡特爾式聯盟，這個聯盟內部通常包括「主要」銀行、少數大型企業以及大量分包商、附屬公司和子公司，構成一種多元化的商業

集團網絡。經連關係常常以大公司交叉持股和將勞動密集型活動分包給小型企業為特徵，它幫助成員分擔風險，同時使日本的大型企業能夠在很大程度上操縱市場力量。

經連有三種主要的形式：第一種是「橫向經連」，它涉及各行各業的公司之間的隸屬關係。日本有六大以銀行為中心的跨市場集團：三井、三菱、住友、富洋、三和和第一康洋。除了製造公司外，這些集團通常還包括主導銀行、信託銀行、人壽和意外傷害保險公司以及一般貿易公司。集團成員交換股份，設立聯席董事會，共同任命高管和其他關鍵人員，定期舉行公司總裁會議，並參與新行業的聯合投資活動。主導銀行可以向集團成員提供優惠利率貸款，並隱含地保證在困難時期支持它們。第二種是「垂直經連」，它由一個或多個大型工業企業及其子公司、關聯公司、重要客戶和分包商組成。垂直經連通常集中在單一或有限的幾個行業，例如汽車領域的豐田和日產；金屬領域的日本制鐵；電子領域的日立、東芝和松下。第三種形式的經連在分銷系統中非常普遍。製造商已經組織自己的分銷經連，將零售和批發商店聯繫在一起。這種形式的經連可以在汽車、消費電子產品、化妝品、藥品、相機和報紙的分銷中找到案例（Hadley, 1970）。

經連系統有多種機制維持其內部的凝聚力。經連集團與主導銀行之間的關係非常密切，銀行通常持有成員公司 5% 至 10% 的股份。當許多日本企業現金充裕時，主導銀行的財務功能已變得不那麼重要，但主導銀行在為新的高風險業務提供支持以及幫助陷入困境的成員公司方面仍發揮着重要作用（Cutts, 1992）。

經連集團成員通常會相互購買少量股份，通常為 2%-5%，並同意不出售，這種做法被稱為共同持股。在 1980 年代，共同持股

約佔成員公司股份的 15%-30%，包括與其他大型機構的「穩定持股」協議，約 60%-80% 的經連公司股份從不交易，因此經理們不必擔心收購，可以專注於長期問題（Dyer, 1998）。這種穩定性鼓勵了對新技術的投資，如半導體和生物技術，並有助於將外國產品和投資拒之門外。

經連集團內部有很強的買方—供應商關係。例如，1987 年，三井集團成員之間的貿易佔集團貿易總額的 17.2%，住友集團的這一數字為 14.3%。這種緊密的內部交易關係將外國公司排除在日本市場的大部分業務之外，而且也阻止了外國公司通過收購日本公司進入日本市場。每個集團都強烈地支持所謂的「一套原則」，即每個集團在每個主要的行業（化工、電子、建築、貿易、採礦等）都佈局一家公司。因此，在大多數主要行業，特別是在政府認為具有戰略意義的領域，日本都有五六個實力雄厚的競爭對手（Weinstein & Yafeh, 1995）。

政府重視和鼓勵經連系統的建立。政府認為，這些集團擁有強大的銀行支持和風險分擔機制，可以在政府的引導下將稀缺資源集中到對日本長期經濟安全至關重要的行業。而且，1960 年代末之後，日本被迫正式開放市場。政府試圖利用經連特有的共同持股和緊密的內部交易關係阻止外國產品和資本的進入。

政府的策略卓有成效。在 1980 年代，雖然構成三井等六大集團核心的 182 家公司僅佔東京證券交易所上市公司總數的 10% 左右，但日本最大的 100 家公司中有一半以上是集團成員。事實上，日本所有的頂級城市銀行、信託銀行、保險公司以及計算機、電信和半導體製造商都是該組織的成員。在 1980 年代末，這六家經連集團的淨利潤佔日本企業總利潤的 18% 左右，銷售額佔日本企

業總銷售額的近 17%，實收資本佔日本企業總實收資本的 14% 以上，僱傭了日本近 5% 的勞動力（Aoki, 1990）。

（三）主銀行制度

在經連系統中，有的經連集團是圍繞着大銀行建立起來的，這從一個側面反映了銀行系統對日本經濟發展具有舉足輕重的作用。在 1950 年代和 60 年代，日本金融市場由銀行主導，股票和公司債券市場受到法律法規的嚴格限制。銀行充當家庭儲蓄和工業投資的中介，為經濟發展提供長期和短期資金。直到 1980 年代末，存款利率一直受到監管，貸款利率也在政府的干預下保持低位。日本央行通過評估和預測各大銀行每季度的貸款增長規模來控制信貸擴張。在 1950 年代和 60 年代的經濟繁榮時期，政府指導信貸配給的做法很常見。

金融部門由一系列的機構組成。商業銀行持有的資金份額最大。它們從企業和個人部門收集存款，並投資於公司項目或證券。此外，還有兩種類型的銀行 —— 城市銀行和長期信貸銀行。城市銀行主要包括三井、三菱、住友、富士、第一（康洋）和三和，它們主要提供短期信貸。長期信貸銀行主要有日本工業銀行、日本長期信貸銀行和日本信貸銀行。它們的目的是向資本密集的行業提供長期貸款，因此它們被允許發行銀行債券，作為籌集必要資金的一種手段。除了城市銀行和長期信貸銀行，金融系統中還有信託銀行、專門的外匯銀行、保險公司等專門的金融機構。在公共部門，日本開發銀行和日本進出口銀行等機構從事政策性融資。企業的大部分資金來自商業銀行，但具體行業與金融機構之間的聯繫有所不

同，一些行業，特別是電力、航運和煤礦，嚴重依賴公共財政，日本開發銀行是它們的主要融資來源（Aoki, 1995）。

在當時，銀行扮演的角色極為廣泛。在許多情況下，銀行不僅向公司提供貸款，而且還持有公司的股票。通常情況下，一家公司與特定的銀行建立密切的關係後，會長期依賴其提供穩定的資金支持。公司利用銀行進行重大交易，而銀行則從中賺取費用和利潤。與公司結成這種對口關係的銀行稱為「主銀行」。在 1980 年代結束之前，人們普遍認為，主銀行體系解決了所有權和經營權分離所固有的信息不對稱問題，從而提高了日本金融市場的效率。

主銀行制度是戰後日本金融系統中最顯著的特徵。它是一套非正式的實踐、制度安排和行為模式，構成了獨特的公司融資和治理體系。主銀行的職能包括相互持股、任命公司董事、信貸支持、債券發行與託管、支付結算和提供外匯。發揮哪些職能取決於主銀行監督客戶公司業績和活動的能力，也取決於對口公司的財務狀況、發展階段、公司與其他金融機構的關係、其他金融機構與主銀行的關係，以及主銀行與監管機構之間的關係（Ueda, 1995）。

主銀行制度在公司治理領域有其特殊的優勢。一般情況下，個人股東無法監督企業管理層的行為，在日本，機構投資者也沒有能力像在美國那樣行使監督權力。主銀行彌補了這個缺陷。作為公司的投資者和貸款人，主銀行會審查公司投資項目的可行性並監督其管理績效，而不是通過股價漲跌、惡意收購的威脅和機構投資者的壓力來迫使企業改善管理。由於主銀行着眼於長遠，公司管理層能夠開展長期投資項目。主銀行同時持有公司的股權和債務，它與公司的利益是一致的。此外，由於銀行參與了業務，例如在董事會中有代表，它可以將暫時的現金流問題與涉及基本業務誤判或破

產的更嚴重情況區分開來。對於失敗的企業，主銀行會極其謹慎地判斷是否要取消對它的貸款支持，通常情況下，銀行會派出一個管理團隊進行干預，在必要時甚至會替換公司的總裁（Aoki & Patric, 1994）。

日本戰後金融體系內部存在一種特有的分工。許多金融職能 —— 對公司及其投資項目事前、中期和事後的監督 —— 是由主銀行以一種綜合的方式執行的，而主銀行的事前監督得到了公共金融機構、長期信貸銀行和政府委員會（如電力能源協調發展委員會）的支持。這表明，主銀行制度是高增長時代日本金融體系的重要組成部分，它與長期金融機構、金融監管和產業政策形成了制度性的互補關係。

（四）勞資關係

勞動與資本之間的對立統一關係是資本主義經濟週期變化的驅動力，日本戰後的快速增長得益於勞資關係的調和，這可以分別從宏觀和微觀兩個相互聯繫的層面進行考察。從宏觀層面上看，勞資關係的調和取決於日本戰後國內的政治和經濟環境。

日本工會成員佔勞動力的比例在 1949 年飆升至約 55.8%。然而許多工會領袖並不滿足於此，他們試圖加強跨企業工會組織的力量。在 1950 年代早期，跨企業工會在電力和汽車工業中發展迅速，但在這些領域鬥爭的失敗使工會的組織形式決定性地轉向了企業工會。1960 年代初出現了幾個關鍵的轉變。1960 年不僅是工作場所鬥爭衰落的年份，也是《美日安保條約》續簽後政治激進主義的轉折點。1960 到 1961 年間，日本政府公佈了收入翻番計劃。1964

年，「春鬥」[2]作為一種分配經濟增長成果的機制獲得了政府在事實上的認可（Sako, 1997）。

在高增長時期，私營部門就業激增，許多新工人更喜歡「溫和」的工會主義，期望在經濟增長中分得一杯羹。此時，絕大多數工會成員屬於企業工會。這對勞資關係的處理具有重要意義。企業工會在單個企業或機構內組織工人。只有在組織小企業工人和那些具有左翼傳統的工會時，跨企業工會才具有更大的優勢，因為小企業的工會組織無法籌集到足夠的活動經費，而且也缺乏專職的組織者和談判者。儘管大多數企業工會也隸屬於跨企業工會 —— 行業工會或職業工會，但大部分工會成員繳納的會費由企業工會保留，大多數跨企業工會的管理者也來自企業工會，而且，企業工會原則上擁有勞資糾紛和罷工的最終決策權。此外，在一個企業內部，有時工會不止一個。根據 1993 年厚生省的調查，大約 1/6 的大公司擁有一個以上的工會。這些工會通常具有不同的意識形態，而且往往會在行業鬥爭行動中分裂，分離出來的工會對企業管理層採取更溫和的立場。通常情況下，採取激進態度的工會將隨着時間的推移而萎縮（Kawanishi, 1992）。

由於工會組織形式由跨企業工會讓位於企業工會，勞動者作為一個階級整體的力量被分化了。政府和企業家意識到，在企業層面與勞動者建立穩定的勞資關係有利於政權和生產秩序的穩定。在這一背景下，日本企業內部發展出一套特有的僱傭制度。信任、長期承諾與合作是日本公司與員工關係的核心要素。

2　「春鬥」的意思是春季工資鬥爭，它關注的是工資水平的設定而非政治鬥爭，工資談判集中在春季解決，並通過工會的聯合行動實現對工資的要求。

在日本，企業員工通過融入企業文化、努力工作、表現出對僱主的忠誠和承諾，營造了一個「企業社區」。作為回報，企業會就工資水平、福利待遇、晉升機制以及工作條件等事項徵求員工的意見，並向他們提供各種優厚的生活所需。員工的薪酬和福利包括家庭成員津貼、住房費用補貼、娛樂設施，甚至死後可以埋葬在公司墓地裏。公司經常組織體育賽事、聚會和旅行等集體活動，這些活動使員工感到他們屬於一個聯繫緊密的社區。正是這種安全感創造了良好的工作環境和高生產率。公司在很大程度上也被視為社會保障的提供者。在困難時期，它會通過削減股息、減少加班機會和自願退休等策略來讓員工留在企業中，而不是裁員（Shishido, 2004）。

為確保高生產率，企業向員工承諾為他們提供一份長期穩定的工作，並鼓勵他們參與持股計劃。僱主投入大量資金來教育和培訓員工。企業很少僱用兼職和非正規工人工作。這些做法增強了員工的歸屬感和對抗局外人的競爭力。董事通常從公司內部長期任職的高級員工中任命。企業實行年功序列制度，即基於資歷而非能力的工資和晉升制度。年輕員工必須花上一些年頭排隊等待，輪到他們時才能獲得晉升，儘管他們的專業能力可能比前輩高得多。按工齡向員工支付工資要求公司的收益隨着員工年齡的增長而增長，在高速增長時期，有利的經濟條件使僱主能夠做到這一點（Kishita, 2006）。

（五）解體與轉型

日本在 1950 年代和 1960 年代突出的經濟增長和工業化，以及隨後長期維持的低失業率和穩定的收入增長，是確保公眾對自民黨

政府持續支持的重要因素。然而，1980 年代末的泡沫經濟最終破裂了，1992 年經濟開始衰退。這次衰退最初被認為是的短暫外生衝擊所致，類似於 1970 年代初的石油危機。自民黨政府管理 1970 年代經濟衰退的能力提升了「日本模式」的聲譽，而管理 1990 年代經濟衰退的無能使這種模式本身受到質疑。

在 1990 年代，國際和日本國內對政府和經濟體制的解讀發生了變化，一些曾經被視為優勢的做法，如經連會、年功序列制、終身僱傭制等，被認為缺乏靈活性。曾被稱讚為產業靈活發展之源的主銀行體系和產業資金分配制度，隨着倒閉金融機構的增加，成為輿論批評的焦點。經濟衰退使得維持社會福利和促進資本積累之間的平衡被打破了。越來越多的私營企業由於商業條件惡化而無法支付社會保險繳款，並已退出受薪工人的養恤金制度。失業率不斷上升，男性無法找到工作，許多家庭陷入困境（Kume, 1998）。

「改革」成為 1990 年代初的流行語。隨着冷戰時期的意識形態分裂成為過去，日本陷入嚴重的經濟衰退，自民黨的支持率下降，該黨開始解體。1993 年，在選舉改革未能通過後，30 多名自民黨代表脫離了該黨，組成了與反對黨聯合的小黨派，從而為自民黨失去權力奠定了基礎。不過，當這個聯合政府在一年後解體時，自民黨又再次崛起，並在接下來的 15 年裏繼續執政。然而，在國際和日本國內的大變局下，政治上層建築的裂痕預示着高速增長體制的解體以及 1991 年經濟泡沫破裂後漫長而痛苦的轉型的開始。

四、新體制的探索與演化

　　1991 年日本經濟泡沫破裂之後，政府更迭頻繁，1991–1995
年間和 2006–2012 年間首相頻頻更換，各任首相的平均執政時
間僅 1 年（張玉來，2019）。長期執政是保持政策連續性以及政
策產生成效的基本前提，政權頻繁易手並不利於日本走出困境。
迄今為止，只有兩屆內閣的執政時間較長，一是小泉純一郎內閣
（2001–2006），另一個是安倍晉三內閣（2012–2020）。這兩屆政府
為扭轉日本經濟持續低迷的困境開出了自己的改革處方，它們較長
的執政時間表明政府作為在一定程度上得到了各方的認可。因此，
觀察這兩屆內閣的經濟政策和重大改革，能夠比較清楚地了解日本
在舊有模式解體後對新體制的探索及其效果。

（一）小泉內閣的經濟改革

　　在小泉純一郎的整個任期內，改革成為公共話語中頻繁出現的
詞彙。小泉在 2001 年競選首相時，為自己塑造了一個矢志改革的
政治家形象，他表示自己將帶領日本走出經濟困境。他承諾解決銀
行業的壞賬問題，清理長達 10 年之久的金融混亂，並通過國家郵
政儲蓄系統的私有化以及其他措施來整治根深蒂固的政府官僚主
義。2001 年的日本內閣白皮書指出，實施監管改革的目的是要通

過實現整個社會生產要素的最優配置來振興經濟。為此，政府圍繞激發市場活力這一核心目標實施了三個方面的重要改革。

1、引入市場紀律

傳統上，一些社會事業領域與私營企業隔絕，如醫療保健、社會服務、教育和農業，因為人們擔心市場競爭可能會扭曲相關商品和服務的有效供應。當然，這並不是這些部門長期受到保護的唯一原因，政治因素也起了作用。例如，農民和醫生是自民黨的長期支持人羣。政府在這些領域的市場化改革經常遭到政治和官僚機構的強烈反對，因為缺乏市場紀律使政客和政府官僚能夠追求他們所偏好的揮霍性項目。這些項目顯然造成了總體效率低下和資源配置不當，從而阻礙了經濟的全要素生產率增長。

小泉政府的突出表現在於，它明確表示要在傳統上受到保護、不受競爭影響的各個經濟領域引入市場紀律。從 2003 年開始，私營股份制公司被允許在這些領域經營，截至 2004 年 6 月，政府一共批准了 380 多件經營許可（Arikawa & Miyajima, 2007）。小泉市場化改革最具代表性的項目是國家郵政系統的民營化，政府通過民營化獲得了推進公共工程項目最重要的資金來源。在小泉擔任首相期間，利用郵政儲蓄賬戶資金組建的日本高速公路公司，連同其他三家與公路相關的公共企業也被私有化了。然而，在郵政和公路高調私有化的表像之下，許多微妙的變化正在發生，特別是在財政投資和貸款計劃（FILP）方面。

FILP 為公共投資項目融資，它的很大一部分資金來自郵政儲蓄，FILP 的投資決策完全屏蔽來自市場的競爭壓力，將郵政儲蓄資金引向浪費的公共投資項目。郵政系統和公共企業是 FILP 機制

的兩端，小泉政府不僅要對這兩端實施私有化，同時還設法通過向 FILP 引入市場競爭機制，來削弱這兩端之間的聯繫。在小泉的推動下，FILP 的支出規模大幅下降，特別是 FILP 資助的公路建設項目在他的任期內急劇收縮。此外，政府要求負責 FILP 運營的機構採用與私營公司相同的會計準則，FILP 的操作變得更加透明。所有這些變化都有助於經濟資源得到更有效的配置（Noble, 2005）。

2、市場准入與退出

儘管日本政府在整個 1990 年代就已積極推動降低市場准入的監管壁壘，但大多數觀察家仍對其在電信以外領域的進展持懷疑態度。然而，小泉上任後，之前出台的去管制措施開始緩慢生效。在他的領導下，幾乎在所有行業，新公司進入的速度都加快了。即使在進入市場方面有廣泛的放鬆管制，但如果讓效率低下的機構虧本經營而不是被趕出市場，市場可能仍然很難進入。

在整個 1990 年代，日本金融業累積的壞賬阻礙了破產企業的退出。其中的原因在於，面對更嚴格的資本充足率規定，財務健康狀況較差的銀行試圖通過壞賬展期確保賬簿上不會出現違約，從而避免壞賬損失。這種不良貸款的維持造成了大量的「僵屍公司」，特別是在房地產、建築、批發和零售行業。這種做法大大減少了經營狀況良好的現有借款人的可貸資金，對於高效率的新借款人，他們能借到的就更少了，這會抑制全要素生產率的提高。

2002 年 10 月，小泉政府推出了一項名為「金融復興計劃」的新政策。該計劃的啟動是加速解決不良貸款問題的分水嶺，因為該計劃制定了具體的數字目標，更重要的是，還規定了實現這些目標的最後期限。設定目標和最後期限是防止在各種特殊利益集團影響

下出現無故拖延的必要條件。在小泉政府時期，隨着由銀行主導的重組模式逐漸被政府主導的或基於資本市場的重組所取代，企業重組變得更加有效。政府還引入了各種法律、金融和財政支持，以促進重組過程。上述不良貸款的解決和其他政策進展，加速了商業部門的市場進入和退出，東京證券交易所新上市和退市數量的大幅增加就是一個具體反映（Takenaka, 2008）。

小泉的措施成功地終止了在 1990 年代持續了很長時間的不良貸款問題，從而切斷了壞賬的惡性循環。他的任期是在銀行業不良貸款達到頂峰時開始的，而在小泉卸任時，這些不良貸款大多已從銀行賬簿中刪除。

3、外商直接投資

儘管外國直接投資者能夠帶來各種收益，如就業、技術轉移、知識溢出等，但他們在日本經濟中的影響力有限。外國公司普遍認為日本對外商直接投資（FDI）不是一個特別友好的地方。小泉政府從一開始就明確表示要改變這種狀況，它甚至設定了一個 FDI 流入的數值目標。2003 年 1 月小泉在國會的演講中說，「我們不應該把外國投資視為一種威脅，我們將採取措施把日本變成一個對外國公司有吸引力的地方，我們的目標是在五年內實現累計外商投資額翻一番」（Cabinet Office, 2003）。

2003 年 1 月國會演講之後，日本政府於 3 月宣佈了促進 FDI 的詳細計劃，包括明確界定政府各部門的責任分工和制定明確的實施時間表。由於採取了這種積極姿態，小泉政府在其任期內成功實現了累計 FDI 流入量的顯著增長。2000 年，日本吸收的 FDI 存量為 500 億美元，僅佔當年日本對外投資存量（2780 億美元）的

18%。到 2006 年底小泉卸任之時，FDI 存量上升到 1080 億美元，佔同期對外投資存量的 24%（Kaihara, 2008）。

然而，在小泉任期結束時，日本的內外直接投資存量比仍遠遠落後於美國的可比數據（2006 年年底為 74%）和其他 G7 工業國，更不用說東亞鄰國 —— 中國（399%）和韓國（235%）。批評人士指出，小泉政府的改革措施僅僅集中在簡化外國直接投資本身的行政程序，而幾乎沒有解決更根本的問題，因而總體的經營環境改善不多。例如，日本的企業所得稅率在 OECD 國家中是最高的（Kaihara, 2008）。

4、小泉改革的成效

事實上，小泉的整個任期都充滿了表達改革意志的華麗辭令。從一開始，批評者就質疑改革的實質性進展。例如，Samuels（2003）觀察到，「小泉的許多政策都是空想，尤其是在經濟和官僚主義方面。」一些學者也持同樣的懷疑態度。例如，Mulgan（2002）宣稱小泉推行的經濟改革「仍然是膚淺、片面、不完整和鬆散的」。不少觀察人士對小泉的經濟改革前景持悲觀態度，因為他們注意到日本的決策體系長期處於癱瘓狀態（Amyx, 2004）。

儘管如此，日本經濟在 2003 年開始出現好轉的跡象，並在小泉餘下任期內表現出強勁的復甦趨勢。一個自然而然的問題是，經濟復甦是否真的表明小泉所有的改革措施終於開始得到回報？畢竟，小泉政府最常用的宣傳辭令就是「不改革，就沒有增長」。之前的批評將小泉視為一個失敗者是不是為時過早了？至少在小泉任期的後期，公眾似乎越來越認同這一觀點，否則，執政的自民黨不可能在 2005 年眾議院選舉中取得壓倒性的勝利。Noble（2006）

指出，在實施改革方面取得的進展比大多數觀察家所承認的
要多。

然而，另一些人認為，小泉任期後半段的強勁復甦主要與外部
因素有關，比如全球製造業的復甦，以及日本對中國和其他亞洲國
家出口的強勁增長。換句話說，小泉之所以在執政後期走了好運，
只不過是因為全球市場需求面的有利形勢幫了他一把而已。現在看
來，這一觀點得到越來越多的贊同，因為隨着 2008 年全球金融危
機的爆發，日本經濟再次陷入負增長，次年更是如此。隨着全球經
濟衰退，外部因素惡化，日本自 2003 年以來令人振奮的經濟增長
完全消失了。

（二）「安倍經濟學」

小泉之後的另一個自民黨長期執政時期是安倍晉三治下的
2012-2020 年。自 2013 年安倍晉三宣佈振興日本經濟的戰略以來，
「安倍經濟學」一詞一直受到日本國內外媒體和學者的廣泛關注。
安倍的經濟政策被概括為「三支箭」，分別是大膽的貨幣政策、靈
活的財政政策以及以結構性改革為核心的增長戰略。

1、大膽的貨幣政策

大膽的貨幣政策指的是日本銀行通過「量化寬鬆、利率前瞻
性指引以及未來的資產購買」增加基礎貨幣。安倍政府還指示日本
銀行將通脹目標提高到 2%，並實施無限寬鬆政策。2013 年 4 月 4
日，一攬子貨幣政策一經宣佈，日本國債收益率就上升了。6 月初
股價上漲了 20%，日元兌美元貶值了 10%。2013 年基於季度數據

得到的 GDP 年化增長率為 3%，出口由於日元的貶值得到改善，CPI 也由負值上升至 1% 以上。然而，股票價格的上漲是由外國投資者帶動的，他們大量購入日本股票並出售日元，國內投資者反應冷淡。因此，國內投資者參與程度有限意味着他們對安倍經濟學的效果持懷疑態度（Ueda, 2013）。

由於股價上漲和日元貶值，消費者支出最初推動第一季度經濟增長了 3.5%，並在 2013 年第二季度保持強勁。市場的這種新的積極趨勢並沒有持續太久。數據顯示，自 2013 年年中以來，對價格上漲的預期實際上導致日本消費者支出減少。而且，勞動力工資增加的水平有限，而非正式工人的工資下降了，這些因素導致了消費的持續疲軟（Katz, 2014）。

與央行的估計相反，長期通脹預期並未大幅上升。此外，由於日本經濟已接近長期流動性陷阱水平，因此幾乎沒有進一步實施寬鬆貨幣政策的空間了。此外，2013 年第一季度，除軟件行業外，所有行業的私人投資水平都停滯不前。顯然，大膽的貨幣政策對刺激投資的效果有限（Fujiwara et al. 2014）。

2、靈活的財政政策

靈活的財政政策旨在通過增加政府支出增加有效需求，實現長期的良性循環，從而結束通縮。安倍政府在 2013 年的補充預算中提議將支出增加到 GDP 的 2%，但事實證明這一比例只有 1%。然而，安倍政府不得不顧及財政的穩固性，因為政府財政從 2007 年開始惡化，政府債務在 2014 年增加到 GDP 的 226%。2013 年，安倍政府提出要將中央和地方的基本赤字減半，從 2010 財年佔 GDP 的 6.6% 降至 2015 財年的 3.3%，並在 2020 財年實現盈餘。然而，

這些目標進展緩慢，相反，公共財政狀況在惡化，尤其是在 2011 年東日本大地震之後（OECD, 2015a）。

為改善公共財政，安倍政府在 2014 年 4 月將消費稅從 5% 上調至 8%。增加的資金用於兒童保育、養恤金、保健和社會保險。然而，此次增稅並未得到日本消費者的認可，消費停滯引發了經濟負增長（OECD, 2015a）。

由於增稅和財政刺激計劃的結束，靈活的財政政策最終變成了緊縮的財政政策。過早的增稅導致日本經濟在 2014 年春季再次陷入衰退，因為由於增稅導致價格上漲，日本家庭不願增加支出。總之，安倍經濟學的第二支箭面臨着矛盾的壓力，一方面需要增加公共支出以刺激停滯的經濟，另一方面由於財政惡化又需要對支出加以限制。

3、增長戰略

安倍政府認為，結構性改革對日本的長期經濟增長至關重要。政府列出了十項關鍵改革，其中包括：（1）促進企業發展：降低公司稅，改善公司治理，鼓勵風險資本，刺激技術創新。（2）重振日本勞動力市場：提高女性勞動參與率，增加靈活性工作，吸引外國高技能工人。（3）通過強調參與跨太平洋夥伴關係（TPP）的必要性來推進農業部門的自由化。（4）尋求新的增長部門：包括能源、環境和衛生保健服務。（5）日本與亞洲的一體化（Danninger & Steinberg, 2015）。

然而，人們擔憂這些改革會帶來負面影響，尤其是在公司稅和勞動力市場方面。安倍政府計劃到 2016 年將公司稅降至 30% 以下。然而，1990 年代實施的公司稅減稅政策表明，這在一定程度

上會導致日本公共財政的惡化。此外，當時最賺錢的美國公司都要繳納 40% 的公司稅，這意味着，降低公司稅並不一定能保證日本公司生產率的提高（Dourille-Feer, 2015）。

安倍的勞動力市場靈活化改革引起了極大的爭議。靈活化改革的結果是削弱了一些作為日本「經典」模式核心的工作制度，包括年功序列工資制度和穩定的僱傭體系，並且向更注重績效和競爭的做法轉變。工作時間靈活性的提高將導致在沒有任何監督機制的情況下加班和長時間工作的報酬減少。安倍的改革降低了對勞動力的保護，勞動力市場變得更加自由化，僱主可以更自由地解僱工人，只要他們為法庭的調解和仲裁支付一定的費用即可。政府降低就業管制標準使得非正式工人的就業變得更加不穩定，但這有利於資本的整體利益。在相對收入貧困程度方面，日本在 35 個發達國家中排名第六，儘管日本的貧困水平不斷上升，但日本沒有關注防範不穩定就業形式的措施（OECD, 2015b）。

2015 年，日本內閣府報告了安倍經濟學的成就，包括提高工資和更多女性工人參與勞動力市場。然而，彈性工作時間的增加，非正式工人工資的減少，以及缺乏減少非正式工數量的措施，這些都將勞動者長期置於一個不穩定的處境之中。

4、安倍經濟學錯在哪？

日本的 GDP 數據表明，安倍經濟學並沒有讓日本經濟擺脫困境。2015 年第一季度，日本經濟的年化增長率為 2.4%，股市飆升，增幅為 GDP 預測值的 1.5%。然而，據說這些增長是由於存貨的大規模累積造成的。調整這些因素後，實際經濟增長率僅為 0.4%。此外，儘管安倍政府和日本央行實施了大量的經濟刺激措施，但日

本經濟僅在消費和企業支出方面出現了溫和復甦。消費者支出仍然停滯不前，這很大程度上要歸咎於銷售稅的提高。此外，38% 以上的勞動力被僱用為非正式工人，他們的工資沒有增加，這削弱了任何刺激消費的努力（Harding, 2015）。

安倍經濟學中的自由化元素給日本勞動者帶來不安全感，因為他們收入的不確定性大大增加了，事與願違，安倍經濟學卻期望這些勞動者會增加消費。在缺乏充分的舉措來改善日本勞動者的收入安全的情況下，很難構建一個新的各階層和諧合作的社會，而這又是恢復經濟增長所必需的。這樣的和諧社會應該包括一系列遏制社會緊張局勢和公眾不滿的政策和社會經濟制度。要實現長期的經濟增長，就必須進行廣泛的改革，並解決工資下降和就業不穩定的問題。

從這個意義上說，政府需要一個系統性的規劃，重新將一些有效的合作機制引入到當前的經濟系統中，以調和日本社會經濟中的突出矛盾，之前更為成功的日本「經典」資本主義模式正是以這些合作機制為基礎的。而且，如果不重新建立這樣的社會經濟調和機制，要在日益全球化的市場競爭中勝出，企業將不得不繼續承受降低成本的壓力，特別是那些較弱的公司（特別是中小企業）和產業（特別是農業），在競爭加劇的情況下很可能變得不可持續。

五、日本擁抱新自由主義的反思

　　新自由主義倡導者總是聲稱他們的政策是為了促進國家活力和財富增長。然而，日本的實踐表明，擁抱新自由主義並沒有幫助日本擺脫經濟長期低迷的困境。相反，它製造了更多的問題。日本的新自由主義經濟政策嚴重依賴貨幣主義和去管制化措施，這誘發了基於房地產和股票價格膨脹的泡沫經濟。泡沫經濟崩潰之後，社會收入分配變得更加不平等，失業和貧困人口數量逐漸增多。離婚率在上升，單身母親的收入在下降。在 2004 年 OECD 對 30 個國家的調查中，日本的相對貧困率為 14.9%，2007 年上升至 15.7%。日本厚生勞動省在 2007 年首次承認這一問題。到 2008 年，由於不加批判地接受新自由主義政策和美國式資本主義，整個發達工業世界都陷入了金融危機。兩年後，日本雖然是僅次於美國和中國的第三大經濟體，卻有超過 2000 萬公民生活在貧困線以下，其貧困率在 OECD 國家中排名第四，僅次於墨西哥、土耳其和美國（Dye, 2011）。

　　以往，當外部壓力要求日本領導人實施市場自由化政策時，為保護其新興產業做辯護，他們可能會引用明治時代的日本作為一個後發國家實現趕超的經驗。官員們做決策時也可能深受日本家長式統治的文化價值觀的影響。此外，還有「發展型國家」的理念，這

來自於日本長期的威權主義政治傳統，以及曾經在戰後重建時期盛行的經濟規劃概念。

隨着蘇聯解體和東歐劇變，共產主義國家的政治經濟體制在冷戰結束後聲望掃地，而資本主義和新自由主義則開啟了它們的全球化時代。在日本和其他資本主義地區，主導政治和政策決定的保守派精英傾向於社團主義和獨裁主義，敵視民主，無視普通民眾強烈要求維護個人自由的願望。在這些非常普遍的方面，日本領導人與英美領導人並無二致。在市場能夠自我糾正和存在「自由市場」等錯誤前提下，他們都利用政府權力在金融領域取消某種特定類型的管制。新自由主義還意味着國家出手拯救「大到不能倒」的銀行和大公司，而讓儲戶承擔精英們進行金融投機所造成的損失。

在日本和西方國家，另一種常見的自由主義做法是，在金融、工業、能源開採和通信市場，通過私有化促進大規模寡頭壟斷和權力集中。為了使企業可以獲得更多利潤，日本領導人在生產性國有資產（包括公共教育）私有化方面還沒有像美國總統奧巴馬那樣走得那麼遠。但私有化的企業更容易解僱工人或使他們彼此對立。通過這種方式，新自由主義者創造了大量的失業、半就業、兼職和社會弱勢工人。其他在英國和美國實施的新自由主義做法也被提上了日本領導人的改革議程。一個是重新安排收入分配，為擁有社會大部分資產的富人減稅，而對其他所有人增稅。另一個是削減窮人和中產階級的社會福利支出。新自由主義的改革議程，除了擴大社會不平等之外，還導致了其他社會弊病，如日本社會各階層之間日益疏遠。政府為了大公司的利益不惜破壞社會契約，政府的信譽與合法性受到了選民的普遍質疑。2013 年日本超過 40% 的選民棄權率達到了戰後最高記錄。另一個數字也創了紀錄 —— 超過 200 萬

張選票是無效的，因為這些選民在選票上寫下了自己認可的候選人（Bix, 2013）。

實際上，日本目前的新自由主義改革措施可以追溯到中曾根康弘內閣時期（1982–1986），當時英國首相戴卓爾夫人和美國總統列根正積極鼓吹激進的沙文主義、反工會政策和市場原教旨主義。1990 年代泡沫經濟破滅以來，大多數日本領導人都沿着新自由主義的道路實施改革，安倍改革就有明顯的傳承性，他的政策類似於小泉純一郎（2001–2006 年）、鳩山由紀夫（2009–2010 年）、菅直人（2010–2011 年）和野田佳彥（2011–2012 年）政府所採取的措施。那麼，未來日本的經濟模式會不會完全轉向盎格魯—撒克遜的新自由主義經濟模式？我們認為可能性很小。日本有自己獨特的歷史、文化傳統、社會組織方式，以及政治行為模式，這些都是諸多複雜因素塑造出來的，根據青木昌彥的制度互補性理論，只要這些更深層次的正式制度和非正式制度不發生變化，或者變化很小，日本的經濟模式就不可能完全變為英美式的。未來，日本經濟體制轉型的結果更可能是協調資本主義和自由資本主義的混合體，或者從未見過的新體制，並且會一直演變下去。

一第六章一

從更廣闊的視野思考
中國經濟發展模式

一、思考經濟發展模式的理論視角

　　二戰結束後，和平環境為各國經濟的恢復和繁榮創造了條件。許多國家的迅速崛起被視為奇跡，先是作為戰敗國的日本和德國，然後是亞洲的「四小龍」和「四小虎」。中國經濟在過去 40 年裏表現出驚人的增長潛力，由此被視為繼上述經濟體之後的又一奇跡。然而，考慮到中國是世界上人口最多的國家，且戰前的現代化和工業化進程都相當落後，中國奇跡實際上與前幾次奇跡不能等量齊觀。正因為如此，中國經濟奇跡成為一個長盛不衰的研究主題。一個戰前落後的農業國是如何實現這種偉大崛起的？這個問題引起了世界實務界和理論界的極大興趣。對於第三世界的政治家來說，他們希望了解中國經濟成功的奧秘，通過模仿和學習中國經驗，實現富國強兵。而對於西方發達世界的理論家來說，他們看到了與自己的歷史經驗和理論體系不一致的發展道路，這種認知衝突迫使他們反思既有的理論，尋求更合理的解釋。在過去數十年裏，國內外理論界對中國經濟發展模式（以下簡稱中國模式）進行了大量的研究，形成了豐富的研究方法和理論成果。基於已有的研究，我們提出，有三種理論視角對於理解和分析中國模式最為重要，即比較的視角、歷史的視角，以及制度的視角。

二、經濟模式的比較視角

（一）經濟發展模式研究的特點

比較的視角是社會科學研究的最普遍和最基本的方法之一。比較的目的在於識別多個研究對象之間的獨特性和共性。獨特性代表了事物的特質，是難以改變和習得的部分，而共性則代表了事物的規律性，是可以借鑒、模仿和學習的部分。一般而言，找出事物的規律性是大多數社會科學研究孜孜以求的終極目標，這種觀念同樣流行於關於經濟發展模式的研究中。在很多情況下，研究者只關注極少數成功的案例，然後奉為標準，並以成功案例的經驗開出改造其他模式的處方。在他們看來，成功案例具有普世性，即成功國家的發展經驗和體制對所有國家都適用。只要簡單地回顧歷史，就知道這種理念非常不可靠。例如，蘇聯經濟改革採納了西方經濟學家建議的「休克療法」，結果造成災難性的後果。

強調理論的普適性是一種良好的願望，它本身並沒有甚麼不對。但這種研究取向不適用於經濟發展模式領域，因為發展模式的研究對象大多都是國家，而不是個人、企業、社區、城市等規模較小的樣本單位。國家的形成過程及其內部組成非常複雜。儘管發

展模式研究關注的只是國家的經濟績效，但國家作為一個完整的系統，它所表現出來的經濟績效不僅僅是經濟部門努力的結果，而是涉及更廣泛的子系統，包括政治、社會、文化、意識形態、歷史遺產、慣例、傳統、種族等等，以及這些子系統之間的相互作用。這種跨學科性質已經超越了政治學、經濟學、社會學等單一學科的理解能力，即使是跨學科的政治經濟學、發展經濟學、制度經濟學、經濟史學，它們對一國經濟發展規律的探索也還很粗淺的。就目前而言，關於國家經濟發展模式的議題，學術界並沒有太多的共識，更不要說普遍的規律。

如果缺乏經得起實踐檢驗的統一理論，那麼研究者更保守的策略是採取多樣性的觀點，對國家發展的獨特性給予充分的重視，這是因為，在發展研究領域，學術研究常常與政策實踐緊密相連，甚至可以說，學術研究就是為政策實踐服務的，此時，理論構建就不再是一種無關痛癢的哲學思辨，而是會影響國家命運的智力活動。因此，為國計民生考慮，不應把強調規律性的學術追求強加在強調實用性的政策追求之上。

實際上，在發展研究領域更多地強調各國道路的獨特性，而不追求普適性（學術上所說的制度趨同、制度收斂）並沒有甚麼不妥，因為全世界目前也僅有190多個國家，主要的國家也不過數十個，發展規律的「案例化」，甚至「一事一議」都是無害的。如果研究的結果證明，一國的經濟發展模式只適用於自身，不具有普遍性，這種尊重獨特性的論斷並非沒有價值。就像中國模式一樣，即使中國的發展道路無法複製到其他國家，它本身也解決了十多億人的生存和發展問題，那麼闡明其中運作機制的貢獻也是非常大的。

（二）異大於同的經濟體制

我們在前面已經詳細介紹了中國、美國、德國及日本的經濟體制和發展模式，其中，後三者都被歸為資本主義經濟。但如果深究各自的經濟運行方式，則會發現三者之間極為不同。資本主義多樣性理論（Varieties of Capitalism，VoC）（Hall & Soskice, 2001）致力於發現不同類型資本主義模式之間的差異。VoC 假設企業是資本主義經濟的核心，國家經濟績效的微觀基礎就在於企業。為了實現利潤，企業必須在政治經濟的多個領域與其他參與者互動，如在金融市場上籌集資金，調節工資和工作條件維持良好的勞資關係，通過教育和培訓確保工人擁有必要的技能，與上下游企業合作以獲得生產投入和技術，在產品市場上爭奪客戶，以及確保公司與員工之間的合作。由於企業的成功依賴於與眾多其他參與者的有效協調，因此，企業面臨的核心問題就是協調問題。

VoC 區分了兩種協調模式。在第一種模式中，企業主要通過競爭市場與其他參與者進行協調，其特徵是淡漠的商業關係和正式合約。各方行為主要由相對價格、市場信號和成本收益的邊際權衡所決定。在第二種模式中，企業通過策略性互動過程與其他行為主體進行協調，這些行為可以用典型的博弈論模型進行模擬。此時，各方行為取決於保證承諾可信的機制，包括有效的信息共享、監督、制裁和審議。儘管市場協調和策略協調在所有資本主義經濟中都存在，但 VoC 認為，這兩種協調模式的主導性在不同的政治經濟制度中是不相同的。在資本主義的類型光譜中，一端是自由主義市場經濟（LME），公司和其他行為體之間的關係主要由競爭性市場來

協調。另一端則是協調市場經濟（CME），企業通常與工會、金融機構以及其他行為體有着更具策略性的互動。

　　美國是典型的 LME。美國企業面臨着以高度透明和股權分散為特徵的大型股票市場，企業獲得外部融資的途徑嚴重依賴於市場估值等可公開評估的標準。監管制度允許基於股價的敵意收購，這使得經理人對短期的盈利能力非常敏感。由於工會相對薄弱，就業保護較低，勞動力市場不穩定，工資的確定主要取決於工人和僱主之間的合約。由於勞動力市場的流動性高，工人們有動力投資於可以用於其他工作的一般技能。技術轉讓主要是通過專利授權或聘請專家人員來完成的，標準通常是由市場競爭確定的。公司高管在企業發展戰略的各個方面都享有相當大的權力。在這種情況下，企業與其他參與者之間形成的許多關係都是通過競爭市場來調節的。英國、愛爾蘭、加拿大、澳大利亞和新西蘭通常都被視為 LME，儘管它們之間存在差異。

　　德國常常被視為 CME 的範例。公司交叉持股和強大的僱主協會是這種體制的突出特徵。這些網絡有利於私人信息的交換，企業可以利用這種機制建立聲譽，從而依靠良好的聲譽融資，而非抬高股票價值。因此，企業經理們對短期盈利能力沒有那麼敏感。由於存在強大的工會、強大的勞資委員會和高水平的就業保護，勞動力市場的流動性較低，工作年限較長。在大多數行業，工資的制定由工會和僱主協會協調，它們還監督協作培訓計劃，為工人提供行業專門技能，並保證如果他們投資於這些項目，就能獲得職位。行業協會在標準制定方面發揮了重要作用，大量技術轉讓是通過企業間合作進行的。在強大的員工代表和商業網絡成員的參與下，高層管理人員很少採取單邊行動，企業通常要在多方達成共識之後才能決

策。奧地利、日本、韓國、瑞典、挪威、芬蘭、丹麥、比利時、荷蘭和瑞士通常也被歸為 CME。

（三）中國模式的獨特性

儘管 VoC 將日本和韓國歸入 CME，但在此之前，詹鶉（Chalmers Johnson）將它們稱為發展型國家，它們的發展路徑是由國家引導的。基於對日本的經濟計劃部門，即通商產業省（MITI）的觀察，詹鶉構建了一個關於干預主義國家的概念 —— 發展型國家，它既非社會主義類型，也非自由資本主義類型，而是一種完全不同的國家類型，它將計劃理性與資本主義結合了起來，私所有和國家指導的特徵兼而有之。發展型國家是由政治的、官僚的和資本的勢力主導的政治經濟系統，這種特徵不僅在日本出現，韓國、新加坡等東亞經濟體也有類似特徵。雖然這種國家類型存在許多問題，諸如腐敗、無效率、裙帶關係之類，但國家的政策干預確提高了國家的經濟競爭力。日本、韓國、新加坡的經濟發展歷程常常被看作是發展型國家取得成功的案例。因此，發展型國家被看作是東亞發展模式的關鍵。

中國也被看作是這種經驗的一部分，其中一個簡單的理由就是中國也位於東亞地區，同時，與它的鄰國和地區一樣，中國經濟的快速增長也始於 1970 年代末。這些顯然是次要的。其他許多重要特徵，包括經濟、制度，以及社會特徵在許多文獻中被視為東亞發展模式的關鍵因素。例如，像東亞發達經濟體一樣，中國的高儲蓄、高投資和高出口競爭力使快速增長成為可能。與日本類似，在增長初期，中國的儲蓄已經非常可觀，此後上升到世界上其他任何

地方都無法比擬的水平。又如，東亞政府積極為企業提供信貸補貼和其他優惠政策，但政府並不承擔具體的投資決策。相比之下，中國的大部分投資發生在大型國有企業領域，政府通過財政及金融系統支持國有企業投資。

　　儘管中國經濟發展路徑與東亞經濟體有諸多相似性，但差異更為明顯，東亞模式並不能概括中國的情形。在相似經驗和表現之下，中國經濟發展模式有其獨特性。正如我們在專文論述中的那樣，中國模式可以概括為「制內市場」體制（Market in State）（Zheng & Huang, 2019），其特徵是國家在經濟發展過程中佔據絕對的主導地位，國家通過三個主要的系統控制和影響市場，即經濟管理部門系統、國有企業系統和金融系統。「制內市場」體系由三個層次的市場組成，在最頂層，是與國家權力相聯繫的經濟領域，可稱為「國家層市場」。這個領域最典型的特徵是，國有企業是經濟運作的主體，國有企業要執行國家的戰略和意志，它們佔據了關係國家經濟命脈的行業，如軍工、基礎設施建設、銀行、能源、交通、通信、重化工業等，它們對國家經濟安全負有重要責任。在最底層，是與社會生活息息相關的經濟領域。該領域的生產主要是為了解決居民的衣食住行用的需求，與國家經濟安全沒有太大的聯繫，因此可稱為「草根層市場」，這個層面的生產和交易活動近似於放任自由的狀態。在國家層和草根層市場之間還存在一個中間層市場。它是國家權力與社會力量互動的平台，雙方可以在這個平台上通過協調合作達到各自的目的，例如，國企的混合制改革就是旨在通過國家資本與社會資本的有機結合創新國有企業制度，一方面可以增強國有企業的活力，另一方面則讓社會資本有了更多的投資選擇。

　　如果按照這個三層市場模型來思考，那麼中國經濟增長的一個

很重要原因就是國家學會了對市場進行分層治理。在改革開放前的計劃經濟時代，自上而下、覆蓋絕大部分行業和市場、嚴格而僵硬的經濟計劃抑制了微觀經濟個體的生產積極性，造成了低下的生產率和經濟運轉效率。從三層市場模型的視角來看就是國家壟斷經濟不僅消滅了中間層市場，而且還把草根層市場的空間壓到了極低的水平。這一方面消滅了草根層市場的活力，另一方面國家層市場在功能上的越界給國家帶來了巨大的負擔。經濟改革是對這種結構性失衡的一種回應。例如，1990 年代的國企改革採取了靈活的策略，包括「抓大放小」，即保留對大型國有企業的控制權，對小型國有企業採取「關停並轉」的措施。還包括保留對關係國家經濟命脈的行業的控制，如鋼鐵、能源、鐵路、通信、電力、銀行、重型機械、重化工業等。而對於非戰略性的生產領域，則開放給私營企業和外資企業進入，如紡織、服裝、食品、傢具等輕工業。國企改革打破了國家層市場的大一統局面，恢復了草根層市場和中間層市場的空間，使經濟從總體上開始恢復活力。

（四）經濟模式的類型學

比較的視角為研究者展現了一個經濟模式多樣性的世界。正如上述分析所示，在資本主義標籤之下，美國、德國、日本等發達國家的經濟組織方式大為不同，同樣，在發展型國家和東亞模式標籤之下，中國、日本、韓國、新加坡等經濟體的發展經驗與政治經濟體制也存在着巨大的差異。這種狀況表明，各國經濟發展模式的獨特性要大於共性，還沒有哪一種理論能夠對眾多的經濟模式作出對政策實踐有意義的分類。

實際上，各個理論對模式的分類有很大的隨意性，兩個模式是否可歸為一類取決於理論所關注的共性及其分類標準。一個理論家可以聲稱美國、英國、法國、德國的經濟模式可歸為一類，因為私人資本在經濟運行中發揮了核心作用，而別的理論家可以反駁稱它們不是一類的，因為政府、企業、社會力量三者之間的互動方式不一樣。同樣，理論家可以說中國、日本、韓國、新加坡、四小虎國家是一類的，都屬於東亞模式，當然也可以說它們不是一類。還有拉美國家也是一樣。如果研究者強調它們的某種共性，它們就可以歸為一類，反之，如果強調它們的差別，他又有別的分類選擇。如此一來，把某一個國家的經濟模式歸為某類就顯得毫無意義，與其將經濟模式研究降格為一種類型學，不如堅持萊布尼茨的「樹葉哲學」，認認真真地研究一國經濟發展模式的獨特性所在。

三、經濟模式的歷史視角

（一）經濟模式的動態性

理論家們所總結的各類經濟模式，都是一個政治經濟系統在特定時期內表現出來的相對穩定的制度形態，它是從歷史長河中截取的一小段樣本，這種樣本不能作為標本，因為一個政治經濟系統在不同歷史階段會變得很不一樣。在討論經濟發展模式時，我們常常會忘記它們的「保質期」。所謂的美國模式、德國模式、東亞模式等等都是一種刻板印象，這些標籤並不能概括它們戰後以來的經濟體制，甚至不能概括超過 30 年以上的歷史階段，因為一切都在變化。這些所謂的模式只是代表了它們經濟處於上升時期的制度狀態。畢竟，只有成功的經驗才會引起人們的關注。這些在昔日黃金時代形成的體制經過幾十年的運行後，都會逐步調整、轉型，並朝着新的狀態演化。這是每個體制的命運，舊的體制為新的體制所取代和超越，是為了更好地適應新的形勢。一個時代有一個時代的問題，一個時代亦有一個時代的條件，問題和條件不同，一國的經濟發展模式自然不會千篇一律。

在讚揚中國模式的優越性時，媒體報道常用的一種說法是，「中國僅用幾十年的時間就走完了發達國家上百年的發展歷程」，這顯然忽視了經濟發展的歷史維度。應該考慮到，中國在 1978 年之

後面臨的時代條件與歐美發達國家起步時的十七十八世紀完全不一樣，中國相對於它們來說具有「後發優勢」，即可資利用的現成技術和經驗對加速度發展起到了很大的作用。各國發展有先後，時間的維度讓它們面臨的環境非常不同，他國經濟起飛時的有利條件可能並不會在另一個國家想要實現經濟起飛的時候出現，後發展國家只能審時度勢地抓住發展機會。

經濟發展模式不變的想法常常來自於研究中的靜態化謬誤。在社會科學研究中，研究者總是希望能夠從複雜多變的社會現象中總結出一些恆定不變的規律，即使不是恆定不變的規律，研究者有時也努力論證他的發現是「長期有效」的。學術研究追求的是確定性的東西，而現實卻總在不停的變化。經濟模式的動態性讓分析變得困難，也讓所謂的「標準」發展模式變得不可靠。這深深地挫傷了社會科學家的自信心，所以他們有時對待動態性的策略是視而不見。正因為如此，學術知識很多時候滯後於實踐的腳步。如果用這種缺乏動態性的理論來看待世界，無疑會制約實踐和制度創新。因此，在觀察經濟模式時，在頭腦中保持動態性的概念是有用的。

（二）自由主義市場經濟的演化

任何經濟發展模型都是理想型的，並不是對實體經濟的準確描述。其目的在於強調經濟模式的某些關鍵特徵，而不是極其逼真地再現政治經濟結構的所有細節。使用理想型來分析經濟模式的多樣性，不應得出這樣的結論：某種典型從未改變過，或這種典型一直以來都存在。現在稱為新自由主義經濟體的盎格魯—撒克遜國家，

它們在 1970 年代仍保留着從羅斯福新政時期繼承下來的制度，或者在二戰後建立的經濟協調機制，從某種程度上看，這些協調機制與歐洲大陸相似。當時，在這些國家中，資本行為受到政府管制，股東的影響力有限，勞資關係在某種程度上是社團主義的，工會的作用也絕非微不足道。有學者將這些特徵歸納為社會民主資本主義（Scott, 2011）。

　　社會民主資本主義的形成有其特定的歷史背景。為了在戰爭中取勝，歐美國家都發展出了戰時經濟的統制制度，政府在戰時的經濟資源調配中起到了主導作用。國家權力得到集中，政府對經濟的控制能力增強。這種由國家主導的經濟運行模式在戰後重建過程中發揮了重要作用。由於遭到戰爭重創，沒有哪一種力量比國家更有能力承擔起戰後的經濟發展任務。隨着戰後經濟的復甦，政府的財力、管制能力和公共威信大大增強，有能力對社會經濟實施強有力的控制。基於對資本主義內在矛盾的反思，歐美政府採納了凱恩斯主義作為經濟管理的指導思想。為了防止經濟結構失衡，政府傾向於抑制資本家的勢力而保護勞動力。政府支持工會組織的建立，並在勞資談判中支持工會一方。協調一致的工資談判制度所形成的工資設定有利於提升行業的創新能力和生產力。就業保護立法、高水平的社會保障體系以及積極的勞動力市場政策鼓勵勞動者對專用性技能進行投資。這提高了勞動生產率，並為工人帶來了高工資。高工資轉化為對企業產品的需求，有利於增加企業利潤。此外，受到管制的金融體系能夠支持企業制定長期發展戰略。在戰後近三十年（1945-1970）的時間裏，凱恩斯主義在歐美頗為盛行，政府致力促進經濟增長，防範金融業的系統性風險，並向社會提供完善的基礎設施和社會保障項目。這種管理模式保證了歐美主要國家宏觀經

濟的穩定運行，通過總生產和總消費的相互促進，這些國家實現了戰後較長時期的經濟繁榮。

社會民主資本主義在長期的運行中形成了福利國家體制。政府由於介入經濟管理過度，官僚機構龐大而臃腫，運行效率下降。工會勢力過強，工資調節機制僵硬，導致企業生產經營成本不斷上升。過於慷慨的社會福利保障降低了勞動者的工作積極性，勞動生產率下降。所有這些因素多弱化了這些國家應對外部經濟衝擊的能力。1970年代，美國經濟遭遇高通貨膨脹與高失業率並存的困境（即滯脹），資本抓住這個機會建立了一種新的、更有利於自身的發展模式，即新自由主義模式。新自由主義塑造了現在所謂的自由市場資本主義經濟，它是對福利國家不良經濟績效的一種反應，這場運動旨在破除資本主義政治經濟系統中阻礙資本主義盈利能力的障礙，包括稅收過高、法規過於嚴格、工會過於強大、福利過於慷慨等現象。

新自由主義運動由英美倡導，並成為一種思潮在全球範圍內廣泛傳播。新自由主義主張縮小政府規模，改革社會福利制度，以降低財政負擔；通過降低稅收、放鬆管制以及私有化的方式恢復企業活力；削弱工會組織的談判勢力恢復工資的靈活性；降低關稅及進出口限制，開放金融市場，以刺激經濟增長。公平地說，新自由主義改革作為對社會福利國家弊端的矯正措施，有其合理性，在改革初期也取得了明顯的成效。然而，經過三四十年的運行，它又走向了另一個極端，引發資本主義社會貧富分化、消費過度、債務累積、金融泡沫、產業空心化等一系列問題。可以預見，為了解決資本主義的內在矛盾，新自由主義模式必然要向另一種能夠使歐美資本主義回歸正軌的方向演變。

（三）非自由主義市場經濟的轉變

在過去的二三十年裏，德國模式中的許多關鍵制度朝着「去協調化」的方向變化，包括：行業範圍內的集體談判不再盛行，勞資談判機制明顯變得更加分散和「多元化」；作為協調市場經濟體制的關鍵參與者，中介組織（如行業協會）的作用和成員數量在下降，而且它們的內部活力必須適應不斷加劇的外部壓力；社會關係模式朝着更加市場化的方向發展，而非協調共識的方向；通過一系列資本市場的立法改革，傳統的銀企關係瓦解了，而德意志銀行也面臨着由全能銀行向投資銀行的轉型；企業僱主們提出了廢除舊有勞資關係體系的倡議，而在以前這種體系被認為是企業競爭力的來源。

可以觀察到，除了德國，許多非自由主義經濟體也在向市場化模式演變，法國、意大利、日本、瑞典均是如此。經濟的金融化、金融市場的發展、公司治理的改革、股東力量的上升、集體議價能力的下降、私有化、福利國家削減等變化，都在不同程度上影響了非自由資本主義經濟原有的運行方式。在工業企業的直接融資過程中，銀行參與度的下降衝擊着亞洲、歐洲大陸和社會民主國家的經濟運行模式。瑞典在 1980 年代迅速開放了其金融體系，即使 1991 年發生了重大的銀行業危機，它也沒有更張金融自由化的改革方向；法國在 1980 年代也實施了同樣的改革。就像它們的外國競爭對手一樣，德國的銀行在 1990 年代把更多的精力集中在金融市場的活動上，而不是直接向工業企業提供資金。

這種變革風潮也吹向日本。日本的銀行具有向企業融資和控股的雙重角色，它長期而穩定地持有企業股權。然而，金融自由化改革後，銀行的穩定控股行為發生了很大的變化：在 1991 年，銀

行控股量平均佔工業企業資本的 43%，但到了 2002 年只有 26%。此外，與法國等歐洲國家一樣，金融自由化吸引了越來越多的外國投資者：2007 年外國投資者持有日本公開交易資產的 25.5%，而 1990 年這一比例僅為 4.2%。金融自由化改革之後，資本主義的公司治理方式也已經發生了重大變化。公司在確定發展目標時，被優先對待是股東，而非員工，就業穩定目標讓位於財務回報，企業加強了管理控制並調整激勵機制以提高財務績效。這些現象表明，對於福特主義時代廣泛存在的管制型資本主義而言，注重勞資關係調和的管理模式漸漸失效了，以前或多或少與員工妥協的管理層轉向與股東結盟 (Isogai, 2012)。

在所有非自由主義經濟體中，管理僱傭關係的制度也受到了重大影響。在葡萄牙、西班牙、希臘、芬蘭以及韓國等國家，關於定期僱傭合約的就業保護立法都顯著減少了。對一些國家而言，勞動力市場並沒有普遍靈活化，受自由化影響最大的部分是邊緣勞動群體，而不是核心勞動力群體。在西班牙、意大利、葡萄牙和希臘等南歐國家，以及瑞典、丹麥和比利時等典型的協調市場經濟體，臨時合約的就業保護水平已經大幅下降。2013 年，德國非典型就業（如固定期限合約、兼職、臨時就業、「迷你」工作等）佔工資就業總數的 24%。德國低薪工作者的比例略低於 25%，而在丹麥則為 10%（Thelen, 2014）。

亞洲資本主義的特點是，公司層面的工資關係變得更為重要。工作保障（終身僱傭）涉及的不是所有的僱員，而是勞動力的核心部分。自 1990 年代末以來，這種做法有所減少。同許多其他國家一樣，定期合約的比例減少了，不固定僱員的人數增加了。1990 年代上半葉，日本非典型合約佔所有勞動合約的比例為 20%，

2005 年則佔到 1/3（Yamada & Hirano, 2012）。此外，員工的非正規化正在成為日本工資關係的標誌。在韓國，不穩定和非正規就業也在增加。類似地，工資談判逐步「去中心化」，亦即工資談判更多地是在企業層面進行，而不是在行業層面上進行，這衝擊了所有有集體協商傳統的國家，如瑞典、日本、法國和意大利。在 2008 至 2013 年間，希臘的行業勞動協議數量從 202 項降至 14 項，西班牙從 1448 項降至 543 項，葡萄牙從 200 項降至 46 項（Müller & Schulten, 2014）。以前支持集中化談判的勞動者越來越傾向於接受工資調節的市場化或就業靈活化，而不再像福特主義時代那樣，要求企業在分配生產率收益上作出讓步，以便維持穩定的勞資關係。

（四）中國經濟模式的演變

與世界主要國家一樣，中國的經濟發展模式也處於不斷變化的狀態。想用一個統一的模式來概括中國改革開放以來 40 年的發展路徑是困難的。由於政治經濟模式只在一定時期內保持穩定，因而分階段地闡述特定時期的發展模式更為合理。在眾多相關主題的研究中，Chen & Naughton（2017）構造了一個解釋中國經濟發展模式的動態演化模型。他們認為，某種發展模式是政治經濟制度系統在一定時期內的均衡狀態，其形成與演化過程遵循如下幾個行動序列：重大危機和挑戰出現 —— 政治決策者應對危機 —— 政府構建新的制度支持經濟發展 —— 新的均衡出現 —— 新的衝擊再次打破均衡。這個模型將中國自 1978 年以來的經濟發展歷程分為三個階段，每個階段都由一種模式主導。

在第一階段（1978-1988 年），經濟模式特徵是中央對地方放權，基層活力得到激發，自下而上的市場自由化運動釋放了壓抑的生產力。儘管涉及金融、財政、法律、產權的現代國家制度幾乎完全缺失，但改革創造了一套激勵相容的體制安排，鼓勵人們脫離傳統的計劃經濟。此時是草根創業活動和自下而上推動經濟增長的黃金時代。特別是在 1983 年以後，由於數以百萬計的小工商業者的出現，1970 年代普遍存在的基本消費品短缺，到 1980 年代中期已被消除。實施雙軌制之後，大型國有企業的經營管理方式發生了重大變化，企業經營自主權擴大，所有企業之間都可以做生意，這促成了全國市場體系的出現。公私兩種所有制並存，國企事實上的私有化得到推進。在行政體制方面，中央將發展自主權充分下放給地方政府，使它們有動力進行投資和探索制度創新。激勵措施的改善開始帶來經濟增長、更大的財政盈餘和更多的社會財富。

在第二階段（1989-2012 年），經濟模式建立在一套更有力、更全面、經過精心設計的制度安排基礎上。整個系統變得更加制度化了。中央借鑒發達國家經驗，建立了適合中國國情的金融制度。在國有工業經濟中，2003 年成立了一個新的所有權管理機構——國有資產監督管理委員會，並借鑒西方公司治理的實踐，建立了一套管理、評估和任命的程序，並將其融入黨的人事管理體系中。地方政府的創業精神繼續在這個模式中發揮關鍵作用。為了彌補1994 年分稅制改革對地方造成的預算收入的減少，地方官員在管理地方經濟方面獲得了更大的自由度。由於地方國企許多已經破產，地方政府不能再簡單地從這些國企中獲得收入，但他們可以通過戰略性重組搞活這些企業，釋放它們所擁有的土地的價值。大

約在 2000 年之後，地方政府開始將土地作為一種關鍵資產加以利用。地方官員成為房地產市場的締造者，土地租金通過政府的投資發揮了更廣泛的增長作用，而城市化對經濟發展的促進作用也突顯出來。

第三階段始於 2013 年新一屆政府上台。現在就對這一階段的模式下定論還為時過早，但這一階段確實有新的因素出現。新政府與前屆政府有許多不同之處，它致力於矯正上一階段模式出現的問題，使政治經濟系統重新恢復平衡。中央推動了廣泛而持久的反腐敗運動，旨在打破已經形成的制度系統慣性。權力的集中和中央權威樹立被重新強調，目的在於克服既得利益集團的反對，推動艱難的改革。中央重申要明確政府與市場的界限，減少政府的自由裁量權，控制管理者尋租行為的範圍，為市場留出更多空間。這一階段的大多數重要舉措都是自上而下的，經濟發展的統一規劃特徵得到增強，地方的發展意願受到中央規劃的約束。作為增長的重要推動力，地方政府面臨着多重不確定性。政績考核目標體系已經改變，目標更加多樣化，晉升的原則不再像以前那樣唯 GDP 論。他們面臨着反腐運動和政商關係變化的風險。與此同時，地方官員可以利用的傳統資源（如土地）也受到了限制。通過削弱地方政府的經濟管制權力，限制公共財政收支的靈活性，減少地方的土地收入，新的政策削弱了地方政府作為地方生產經營主導力量的地位。

理論家們常說中國經濟處於轉型狀態，這就隱含了一種假定，即中國經濟當前的狀態是一種過渡狀態，它正在朝着一個特定的方向演變。這個特定的方向，以前在西方學者看來就是新自由主義的方向，然而，事實證明，這是錯誤的。實際上，很難說清楚中國經

濟要朝哪個終極形態轉變。我們認為，它只有特定歷史階段的形態，而沒有明確的終極形態，也就是說它並不是朝着一個明確而固定的目標演化，而是隨着時代條件的變動而變動。按照這種「隨機運動」的發展觀，適應時代變化的模式就是最佳的模式。

四、經濟模式的制度視角

（一）制度互補性與制度移植

各國在地理和天然資源稟賦上極為不同，它們無疑是國家競爭力差距的重要來源，然而，許多學術研究（Acemoglu et al., 2001, 2002; Acemoglu & Robinson, 2012）相當清楚地表明，導致國家貧富差異的更重要因素是制度差異，而不是地理或資源的差異。這一結論讓後發國家看到了趕超的希望，因為地理和資源的差異大多外生形成的，無法改變或很難改變，而制度卻是可以塑造的。由此引申的一個簡單的啟示就是，只要移植標杆國家「好的」制度，就可以逐步實現經濟增長以及國家競爭力的提升。這種想法主導了很多理論家和政治決策者對發展路徑的設計。在國際發展實踐中，發達國家常常通過向不發達國家提供各種形式的外國援助，以及幫它們設計和建立現代國家制度體系，例如加強這些國家的司法制度，促進它們的政治民主化。然而，這些體制改革的效果好壞參半。外國援助未能兌現其消除貧困的承諾，而民主輸出導致了更多的失敗而不是成功。這些失敗很大程度上是由於未能認識到制度互補的重要性造成的。

制度互補性（Aoki, 1994, 2013）這一概念在資本主義的歷史和比較制度分析中被廣泛使用。制度互補性認為，當某些制度形式共

同出現時，它們之間會相互強化，並有助於改善特定制度系統的功能、績效和穩定性。制度互補性有多方面的重要含義。首先，制度互補性概念認為，互補的制度組合有很多種，不存在完全優於其他制度組合的最佳的制度組合。但是制度互補性也排除了任何制度組合都存在的可能性，至少在特定的時期內不一定會出現。

其次，制度互補性與制度變遷有密切聯繫。由於制度互補性的存在，單獨改變一個或少數幾個制度，且它們都不是關鍵制度的話，整個制度體系很難被改變。同樣的，引入一種或幾種新的制度，如果它們與本地制度缺乏互補性，它們對整個制度體系不會有太大影響，並且最終自行消失。而一旦某些關鍵制度形式開始向某個方向改變，它可能會削弱自身與其他特定制度形式的互補性。此時，其他制度會發生調整，使整個系統會變得不穩定。而這些領域反過來又會通過互補性聯繫影響到其他體制。因此，制度變化的連鎖反應可能導致某種社會制度的重大變化甚至崩潰。

再次，制度有正式和非正式之分，它們之間也存在互補性。Boettke et al.（2008）認為，好的制度安排能否被移植地接受並形成競爭力，取決於正式制度（如保護產權的政治制度）與非正式制度（如公民的行為慣例和信仰）的契合程度。非正式制度是通過歷史過程「有機地」發展起來的制度，很難被模仿和借鑒。事實上，慣例和信仰可以被認為是「制度化了的歷史」。相反，許多正式制度易於模仿，因為這些制度在移植地沒有歷史根源，這些制度安排不容易被本地公民所接受。如果正式制度與非正式制度能夠良性互動，那麼正式制度的執行成本就相對較低，從而能按預期發揮作用。相反，如果非正式制度安排與正式制度安排嚴重背離，那麼兩

者就會發生衝突，執行正式制度的成本非常高。這種制度內耗會削弱一個經濟體的競爭力。

（二）「最優制度」的失敗

上述制度互補性的觀點有助於理解為甚麼大部分制度移植會失敗。西方發達國家經常標榜自己的政治經濟體制是最優制度，並不遺餘力地向世界其他國家和地區推銷它們的體制。其中，美國的制度輸出行為是最為突出的。儘管對外援助開支只佔美國政府年度預算不到 1% 的一小部分，但絕對金額卻不容小覷，2001 年的對外援助金額為 110 億美元（Easterly, 2002）。美國政府為了幫助受援國從不發達狀態過渡到它們所設計的理想狀態，曾在非洲、拉丁美洲、中東歐以及前蘇聯花費了數十億美元。批評人士指出，這些美元大部分都是浪費。西方發達國家為促進受援國經濟發展而推行的大多數政策都沒有達預期的效果。這在非洲的情況中最為明顯，但拉丁美洲和東歐的經驗也對外國援助計劃的有效性提出了質疑。

過去 30 多年間在拉丁美洲發生的事件尤為關鍵，因為拉丁美洲是西方實踐「華盛頓共識」的最初目標。一些觀察人士指出，在 1990 年代的大部分時間裏，拉美國家實現了政治民主化和經濟績效改善，這證明華盛頓共識是有效性。而批評者認為，拉美在 1990 年代的增長模式給該地區帶來的是極高的收入不平等，這在世界上數一數二，而且增長的可持續性和質量都遭到了破壞，更不用說這些國家脆弱的政治制度。這些國家的經濟進步似乎不可

持續，因為連遭墨西哥比索危機（1994-1995 年）和東南亞金融危機（1997 年）的衝擊後，到 1999 年，南美洲大部分地區都經歷了嚴重的衰退。進入 21 世紀後，該地區幾個國家的經濟表現出弱持續性和負增長，而阿根廷則出現了急劇的財政和政治崩潰。要知道，阿根廷此前被視作新自由主義改革的典範和受益者。這就提出了一個尖銳的問題：新自由主義體制在拉美是否具有長期的有效性。

關於自由化、體制改革和經濟增長之間的關係，研究者對拉美國家進行的比較表明，情況好壞參半。一方面，智利在 1990 年代平均每年超過 6%，玻利維亞在同一時期也有穩定的增長，這些證據表明新自由主義改革可以在拉丁美洲奏效，至少促進了經濟增長。另一方面，在 1990 年代末、21 世紀初，多米尼加的經濟增長記錄甚至超過了智利，但它並不是實踐華盛頓共識的樣板。在阿根廷和秘魯，新自由主義支持者在早期取得了成功，但到 1990 年代末至少部分成功被逆轉了，而牙買加儘管緊追新自由主義議程，但在經濟增長方面卻一直表現不佳。在 1990 年代中後期的中美洲，巴拿馬和薩爾瓦多等經濟開放國家的增長速度高於該地區平均水平，但尼加拉瓜作為該地區較為封閉的經濟體之一，也有較高的增長。這些對拉丁美洲增長經驗的簡要回顧表明，與 1990 年代初「華盛頓共識」倡導者所希望的相反。新自由主義政策和制度很難為拉美的發展困境提供靈丹妙藥，甚至只求有所增長亦不可得。相反，讓人們感覺到的是，在制度選擇和經濟增長之間似乎沒有甚麼明確的、持久的經驗規律，今天的經濟奇跡可能會變成明天的一團糟（Weyland, 1999）。

（三）中國經驗

儘管中國自 1970 年代末開始在鄧小平領導下進行了一系列以市場為導向的改革，但中國沒有毫無保留地採納西方顧問對其他轉型國家提出的政策建議，而是在實踐中不斷地鑒別、選擇和創新。中國政府在經濟體制轉型的過程中始終牢牢地掌握着改革的主動權，並根據中國的實際情況選擇那些有利於國家經濟增長的經濟制度。在很多情況下，各領域改革都有極大的不確定性，實施的時候很難預見其後果，對此，國家採取漸進的試驗方式進行，並不斷地總結經驗。通過審慎、漸進的原則，中國的改革避免了許多顛覆性錯誤，改革雖然會遇到各種波折，但並沒遭遇不可逆轉的重大挫折。與其他轉型國家相比，中國自開放以來經歷了更高、更持久的經濟增長，並且宏觀經濟的波動一直處於可控的範圍內，沒有出現過大的經濟危機。中國的經濟增長模式對西方所謂的「標準」政治經濟模式提出了挑戰。

中國和俄羅斯的經濟轉型過程常常被拿來相互比較，這不僅是因為兩國都是前社會主義陣營中的大國，更是因為兩者的轉型表現有着強烈的反差。以國有企業改革為例，中國與俄羅斯走了兩條不同的道路，其結果也非常的不同。蘇聯在 1990 年代初解體後，俄羅斯聽從西方顧問的建議，在經濟領域採取了激進的市場化改革措施，其中就包括將國有企業私有化。企業私有化是新自由主義標準的改革處方，其邏輯是，國有企業效率低下是因為國有資產沒有明確的自然人所有者，因而對它的使用缺乏有效的監督和激勵。私有化能夠清晰地界定產權，並將資產的所有權賦予明確的自然人，

從而解決監督和激勵的問題，最終使企業提高效益。在新自由主義思潮的左右之下，當時的意識形態氛圍是，國家對國有資產的所有權根本就不是真正意義上的所有權，而且國有資產在國家的管理下已經大幅貶值。這就為國企的私有化創造了有利的輿論環境。於是國有資產被折價變賣，而收購者則是管理國有企業的前官員或者經理。國有企業的私有化導致國有資產的大量流失，國家失去了控制經濟的工具，而新成長起來私營企業寡頭則謀求與政府平起平坐，成為國家的強大對手。顯然，俄羅斯的國企私有化沒有考慮它的社會成本和政治後果（Guriev & Rachinsky, 2005）。

與之相反，中國在國有企業改革問題上沒有倉促地推進全面私有化，而是採取了更具策略性的做法。首先，國家優先考慮的是刺激新生私營企業的增長，使之搞活非國有經濟領域，而不是通過國企業私有化。私營企業的大量出現，對國有企業的經營造成了巨大的壓力，迫使它們設法改善經營狀況。其次，地方政府在國企私有化過程中扮演了重要角色。國企私有化是後來才出現的，在地方政府的推動下，國企所有權發生了很大程度上的分散。地方政府以務實的態度對待私有化，仔細權衡了各種方式的社會效益和成本。地方政府在決定私有化步伐和形式時，除了考慮對當地經濟的影響外，還考慮了自身行使所有權的能力。第三，通過市場改革的漸進過程、新生私營部門的發展和治理能力的建設，中國政府設計和創造了更廣泛的私有化選項和機會，包括破產、結算、上市和退市、債務換股權、出售給國內外私人資本、拍賣國企資產和負債等等。

中國在國企改革領域的行為方式，是中國整個經濟改革的一個縮影。中國改革話語中的諸多詞彙反映了中國在對待外來經驗及政

策建議時的原則，例如實事求是、因地制宜、中國國情、實踐出真知等。中國的傳統智慧指出，「橘生淮南則為橘，橘生淮北則為枳」（張純一，2014）。顯然，中國政府的改革哲學有着深厚的歷史根源，並且一直在發揮着作用。

五、向中國學甚麼？

2004 年，倫敦外交政策中心的分析師拉莫（Joshua Cooper Ramo）創造了「北京共識」一詞來表達他對中國改革成就的認同，以及對「華盛頓共識」的失望（Ramo, 2004）。北京共識總結了促進中國經濟高速增長的改革經驗，主要包括三個方面：不斷地進行制度實驗和制度創新；注重經濟發展的可持續性和社會平等；改革必須獨立自主，堅決捍衛國家領土和國家利益。拉莫認為，中國 30 年的快速增長是建立在各種制度形式的混合基礎上的，其中，國家資本主義是主導形式，與新自由主義模式相比，它為發展中國家提供了一種有吸引力的選擇。北京共識概念引起了國際社會對中國經濟發展經驗的熱烈討論，國內外的研究試圖以中國經驗為基礎總結出發展的黃金律。中國經驗日益被設定為一套思想、理論、政策等，並被視為未來其他國家改革與發展的指路明燈。與此同時，中國模式有被美化的傾向，似乎可以成為替代華盛頓共識的靈丹妙藥。需要清醒地認識到，在驚人的經濟增長速度背後，中國經濟發展模式仍存在着各種矛盾，例如，對天然資源的過度開採，生態環境惡化，社會財富分配不平等，公共服務供應水平較低，以及勞動保障不完善，原始技術創新能力不強等問題。由於面臨着國內外的各種矛盾，中國經濟增速從 2010 年的 10.4% 逐步下降到 2019 年的

6.1%，[1]中國經濟增長放緩導致國外一片悲觀論調，而中國崩潰論又再度興起。

在這些嘈雜而反覆的爭論中，我們應該如何看待中國模式及其意義？比較的、歷史的、制度的視角能讓我們更清楚地理解這個問題。就比較的視角而言，應該堅持發展的多樣性原則，不迷信所謂的普適發展道路，這對中國借鑒他國的經驗，以及他國借鑒中國的經驗都是一樣的。這是因為各國發展所面臨的內外部環境及條件的差異非常大，包括資源稟賦、歷史傳統、社會關係、意識信仰、時代機遇、世界格局等等因素，每個國家的發展行為都受到這些因素的不同形態的約束，不可能得出同一種解決方案。中國模式是中國長期實踐的結果，是特定環境和條件下的形態，它不是對「標準模式」的偏離，各國經驗都是其中平等的一種。每個國家都應該對自身制度的獨特性有所了解，因為這是打開繁榮秘盒的關鍵鑰匙。

就歷史的視角而言，必須動態地看待一國的經濟模式。事物總是處於不斷的變動當中，穩定是相對的，變化是永恆的。大多數標榜成功的經濟模式描述的都是對一國經濟處於繁榮時期的制度形態。隨着各種新衝擊的出現，原有的制度形態必然會發生變化。沒有任何一種曾經成功的模式能夠持之以恆，制度系統總是在回應衝擊的過程中不斷調整和適應，以期重回正軌。就中國而言，刺激經濟高速增長的條件已經發生重大變化，國際關係格局、人口結構變化、新技術革命等因素正日益衝擊着中國經濟發展的既有模式，未

1　《中華人民共和國 2019 年國民經濟和社會發展統計公報》，2020-02-28，國家統計局：http://www.stats.gov.cn/tjsj/zxfb/202002/t20200228_1728913.html。

來，中國仍然要不斷地在實踐中實驗和創新制度，以應對各種問題和挑戰。

就制度的視角而言，必須認識到，在有效運作的制度系統內部，各個子系統之間都是相互匹配的，或者說它們之間具有互補性。這意味着成功的模式幾乎不可能移植，因為不可能所有的制度領域都照搬照抄。即使正式制度很容易模仿，非正式制度卻無法模仿，它根植於更為難改變的東西，如歷史經驗、集體記憶、地理氣候等等。經濟發展有賴於整個制度系統的協調互動，如果不能有效聯動，增長進程就會受到阻滯。如何才能找到有效的制度組合？中國的經驗是，必須結合本國國情進行長期的摸索，不斷鑒別、選擇和創新制度。中國的制度構建方式是實用主義和經驗主義的，必須摒棄任何理論教條才能找到合適自己的發展之道。

參考文獻

艾克（Eck, J.-F.），2020，《戰後法國經濟簡史》，北京：中國社會科學出版社。

埃克倫德（Ekelund, Jr. R. D.）和赫伯特（Hébert, R. E.），2001，《經濟理論和方法史》，北京：中國人民大學出版社。

本內特（Bennett, J. M.），2007，《歐洲中世紀史》，上海：上海社會科學院出版社。

晁中辰，2010，清代有「康乾盛世」，為何沒有近代工業 —— 以清前期高利貸為研究中心，《社會科學輯刊》，4：194-198。

崔瑞德和牟複禮，2006，《劍橋中國明代史：1368-1644 年（下卷）》，北京：中國社會科學出版社。

鄧鋼（Deng, K. G.），2020，《中國傳統經濟：結構均衡和資本主義停滯》，杭州：浙江大學出版社。

杜比（Duby, G.）和芒德魯（Mandrou, R.），2019，《法國文明史》，北京：東方出版中心。

菲爾德（Feld, L. P.）等，2019，「秩序自由主義與社會市場經濟」，載《社會市場經濟：兼容個人、市場、社會和國家》，北京：中信出版社。

黃梅波，2019，《世界經濟學（第二版）》，上海：復旦大學出版社。

劉含若，1988，《中國經濟管理思想史》，哈爾濱：黑龍江人民出版社。

羅伯茨（Roberts, C.），羅伯茨（Roberts, D.），比松（Bisson, D. R.），2013，《英國史（上冊）：史前 –1714 年》，北京：商務印書館。

馬嘯原，2000，《西方政治制度史》，北京：高等教育出版社。

麥克尼爾（McNeill, W. H.），2016，《西方文明史手冊》，杭州：浙江大學出版社。

諾頓（Naughton, B.），2016，《中國經濟：轉型與增長》，上海：上海人民出版社。

宋磊，2014，樣板和對手：日本經濟模式論之於中國經濟模式論，《日本學刊》，1：89-102。

韋慶遠，2003，《中國政治制度史》，北京：中國人民大學出版社。

維斯（Weiss, L.）和霍布森（Hobson, J. M.），2009，《國家與經濟發展》，長春：吉林出版集團。

吳慧，2015，《中國商業通史簡編》，北京：中國商業出版社。

閻萬英和尹英華，1992，《中國農業發展史》，天津：天津科學技術出版社。

張純一，2014，《晏子春秋校注》，北京：中華書局。

張玉來，2019，《平成時代》，天津：天津人民出版社。

趙岡和陳鐘毅，1991，《中國經濟制度史》，北京：中國經濟出版社。

朱民、周弘、菲爾德（Feld, L. P.）、榮根（Jungen, P.），2019，《社會市場經濟：兼容個人、市場、社會和國家》，北京：中信出版社。

Acemoglu, D., Johnson, S. & Robinson, J. (2001). The Colonial Origins of Comparative Development: An Empirical Investigation, *American Economic Review*, 91(5): 1369-1401.

Acemoglu, D., Johnson, S. & Robinson, J. (2002). Reversal of Fortune: Geography and Institutions in the Making of the Modern World Income Distribution, *Quarterly Journal of Economics*, 117(4): 1231-1294.

Acemoglu, D. & Robinson, J. (2012). *Why Nations Fail*, New York: Crown.

Amable, B. (2003). *The Diversity of Modern Capitalism*, Oxford: Oxford University Press.

Amyx, J. A. (2004). *Japan's Financial Crisis: Institutional Rigidity and Reluctant Change*, Princeton, NJ: Princeton University Press.

Aoki, M. (1990). Toward an Economic Model of the Japanese Firm, *Journal of Economic Literature*, 28: 1-27.

Aoki, M. (1994). The Contingent Governance of Teams: Analysis of Institutional Complementarity, *International Economic Review*, 35(3): 657-676.

Aoki, M. (1995). Monitoring Characteristics of the Main Bank System: An Analytical and Developmental View, In: Aoki, M. & Patrick, H. (Eds.) *The Japanese Main Bank System: Its Relevance for Developing and Transforming Economies*, New York: Oxford University Press.

Aoki, M. (2013). Historical Sources of Institutional Trajectories in Economic Development: China, Japan and Korea Compared, *Socio Economic Review*, 11(2): 233-263.

Aoki, M. & Patrick, H. (1994). *The Japanese Main Bank System: Its Relevance for Developing and Transforming Economies*, New York: Oxford University Press.

Arikawa, Y. & Miyajima, H. (2007). Relationship Banking in Post-Bubble Japan: Co-Existence of Soft- and Hard-Budget Constraints, In: Aoki, M., Jackson, G. & Miyajima, H. (Eds.) *Corporate Governance in Japan: Industrial Change and Organizational Diversity*, Oxford: Oxford University Press.

Beyer, J. & Höpner, M. (2003). The Disintegration of Organised Capitalism: German Corporate Governance in the 1990s, *West European Politics*, 26(4), 179-198.

Birdsall, N. M. et al. (1993). *The East Asian Miracle: Economic Growth and Public Policy*, World Bank: http://documents.worldbank.org/curated/en/975081468244550798/Main-report.

Bix, H. P. (2013). Japan under Neonationalist, Neoliberal Rule: Moving Toward an Abyss? *The Asia-Pacific Journal*, 11(15): 1-15.

Block, F. (2008). Polanyi's Double Movement and the Reconstruction of Critical Theory, *Revue Interventions Économiques, Papers in Political Economy*.

Block, F. & Somers, M. R. (2014). *The Power of Market Fundamentalism*, Cambridge: Harvard University Press.

Boettke, P. J., Coyne, C. J. & Leeson, P. T. (2008). Institutional Stickiness and the New Development Economics, *American Journal of Economics and Sociology*, 67(4): 331-358.

Bowles, S., Gordon, D. M. & Weisskopf, T. E. (1984). *Beyond the Wasteland: A Democratic Alternative to Economic Decline*, Garden City, NY: Anchor/ Doubleday.

Busemeyer, M. & Trampusch, C. (2012). *The Political Economy of Collective Skill Formation*, Oxford: Oxford University Press.

Cabinet Office, Government of Japan. (2003). Policy Speech by Prime Minister Junichiro Koizumi to the 156th Session of the Diet. Prime Minister of Japan and His Cabinet, January 31.

Cable, J. (1985). Capital Market Information and Industrial Performance: the Role of West German Banks, *Economic Journal*, 95(1): 118-132.

Campen, J. (1981). Economic Crisis and Conservative Economic Policies: U.S. Capitalism in the 1980s, *Radical America*, 15: 33-54.

Chen, L. & Naughton, B. (2017). A Dynamic China Model: The Co-Evolution of Economics and Politics in China, *Journal of Contemporary China*, 26(103): 18-34.

Cheng, H. T. (2017). The Beijing Consensus and Possible Lessons from the "Singapore Model"? In: Chen, W. (Ed.) *The Beijing Consensus? How China Has Changed Western Ideas of Law and Economic Development*, Cambridge: Cambridge University Press.

Corn, D. (2008). Foreclosure Phil, *Mother Jones*, July/August: 41-43.

Crouch, C. (2009). Privatised Keynesianism: An Unacknowledged Policy Regime, *The British Journal of Politics & International Relations*, 11(3): 382-399.

Cutts, R. (1992). Capitalism in Japan: Cartels and Keiretsu, *Harvard Business Review*, July/August: 48-55.

Danninger, S. & Steinberg, C. (2015). Japan's Growth Challenge: Needs and Potential, In: Botman, D. P. J. et al., (Eds.) *Can Abenomics Succeed? Overcoming the Legacy of Japan's Lost Decades*, USA: IMF.

Davis, G. F. (2016). *The Vanishing American Corporation: Navigating the Hazards of a New Economy*, Oakland, CA: Berrett-Koehler.

Dourille-Feer, E. (2015). Can the Magic of Abenomics Succeed? *CEPII Working Paper*: http://www.cepii.fr/PDF_PUB/wp/2015/wp2015-24.pdf.

Drudi, F., Durré, A. & Mongelli, F. P. (2012). The Interplay of Economic Reforms and Monetary Policy: The Case of the Eurozone, *Journal of Common Market Studies*, 50(6), 881-898.

Dye, J. (2011). Japan Poverty Rate at a Record High, 2011-07-14, *Foreign Policy*: https://foreignpolicyblogs.com/2011/07/14/japan-poverty-rate-record-high/.

Dyer, J. (1998). To Sue or Keiretsu: A Comparison of Partnering in the United States and Japan, In: Fruin, M. (Ed.) *Networks, Markets and the Pacific Rim*, New York, NY: Oxford University Press.

Easterly, W. (2002). *The Elusive Quest for Growth*, Cambridge, Mass.: MIT Press.

Fernandez-Villaverde, J., Garicano, L. & Santos, T. (2013). Political Credit Cycles: The Case of the Euro Zone. *NBER Working Paper 18899*, Cambridge, MA: National Bureau for Economic Research.

Flejterski, S. & Jodkowska, L. (2011). German Economy as a Global Generator of Growth and Development, Trends and Prospects, *Folia Oeconomica Stetinensia*, 10(1), 53-65.

Fujiwara, I., Nakazono, Y. & Ueda, K. (2014). Policy Regime Change against Chronic Deflation? Policy Option under Long-term Liquidity Trap, *AJRC Working Paper*: https://papers.ssrn.com/sol3/papers.cfm?abstract_idD2446759.

Ghoshal, S. (2005). Bad Management Theories Are Destroying Good Management Practices, *Academy of Management Learning & Education*, 4: 75-91.

Gorton, G. & Schmid, F. A. (2000). Universal Banking and the Performance of German Firms, *Journal of Financial Economics*, 58(1/2): 29-80.

Guan, L. & Ji, Y. (2015). From the Beijing Consensus to the China Model: A Suggested Strategy for Future Economic Reform, *International Critical Thought*, 5(2): 135-147.

Guriev, S. & Rachinsky, A. (2005). The Role of Oligarchs in Russian Capitalism, *Journal of Economic Perspective*, 19(1): 131-150.

Hadley, E. (1970). *Antitrust in Japan*, Princeton, NJ: Princeton University Press.

Hall, P. A. & Soskice, D. (2001). *Varieties of Capitalism: The Institutional Foundations of Comparative Advantage*, Oxford: Oxford University Press.

Harding, R. (2015). Japan GDP Data Suggest Struggle for A Momentum, 2015-05-20, *Financial Times*: https://www.ft.com/content/8627e68c-fe86-11e4-8efb-00144feabdc0.

Hassel, A. & Schulten, T. (1998). Globalisation and the Future of Central Collective Bargaining: The Example of the German Metal Industry, *Economy and Society*, 27(4): 541-577.

Hook, J. (2004). *Rebuilding Germany: The Creation of the Social Market Economy, 1945-1957*, Cambridge: Cambridge University Press.

Höpner, M. (2003). European Corporate Governance Reform and the German Party Paradox, *MPIfG Discussion Paper 2003/4*, Cologne: Max Planck Institute for the Study of Societies.

Höpner, M. & Jackson, G. (2001). An Emerging Market for Corporate Control? The Mannesmann Takeover and German Corporate Governance, *MPIfG Discussion Paper 2001/4*, Cologne: Max Planck Institute for the Study of Societies.

International Monetary Fund (IMF) (2012). Germany: 2012 Article IV Consultation-Staff Report, *IMF Country Report 12/161*, Washington, DC: IMF.

Ip, G. & Hilsenrath, J. (2007). How Credit Got So Easy and Why It's Tightening? *The Wall Street Journal*, 2007-08-07.

Isogai, A. (2012). The Transformation of the Japanese Corporate System and the Hierarchical Nexus of Institutions, In: Boyer, R., Uemura, H. & Isogai, A. (Eds.) *Diversity and Transformations of Asian Capitalisms*, Abingdon and New York: Routledge.

Jackson, G. (2001). The Origins of Nonliberal Corporate Governance in Germany and Japan, In: Streeck, W. & Yamamura, K. (Eds.) *The Origins of Nonliberal Capitalism. Germany and Japan in Comparison*, Ithaca/London: Cornell University Press.

Jensen, M. C. & Meckling, W. H. (1976). Theory of the Firm: Managerial

Behavior, Agency Costs and Ownership Structure, *Journal of Financial Economics*, 3(4): 305-360.

Jessop, R., (2001). *Regulation Theory and the Crises of Capitalism* (5 Vols.), Cheltenham, UK: Edward Elgar.

Johnson, C. (1982). *MITI and the Japanese Miracle: The Growth of Industrial Policy 1925–75*, Stanford, California: Stanford University Press.

Johnson, S. (2016). Trump's Extreme Oligarchy. 2016-12-29, Project Syndicate: https://www.project-syndicate.org/commentary/trump-extreme-oligarchy-by-simon-johnson-2016-12.

Kaihara, H. (2008). Japan's Political Economy and Koizumi's Structural Reform: A Rise and Fall of Neoclassical Economic Reform in Japan, *East Asia*, 25(4): 389-405.

Katz, R. (2014). Voodoo Abenomics: Japan's Failed Comeback Plan, *Foreign Affairs*, 93 (4):133-141.

Kawanishi, H. (1992). *Enterprise Unionism in Japan*, London: KPI.

Kishita, T. (2006). The HRM of Japanese Firms in the Days to Come of Global Competition, *Research and Practice in Human Resource Management*, 14(1): 29-48.

Komiya, R. (1988). Introduction, In: Komiya, R., Okuno, M. & Suzumura, K. (Eds.) *Industrial Policy of Japan*, San Diego: Academic Press.

Kotz, D. M. (2003). Neoliberalism and the U. S. Economic Expansion of the 1990s, *Monthly Review*, 54 (11): 15-33.

Kotz, D. M. (2007). Contradictions of Economic Growth in the Neoliberal Era: Accumulation and Crisis in the Contemporary U.S. Economy, *Review of Radical Political Economics*, 40(2): 174-188.

Krauss, E. S. & Pekkanen, R. (2004). Explaining Party Adaptation to Electoral Reform: The Discreet Charm of the LDP? *Journal of Japanese Studies*, 30(1): 1-34.

Krugman, P. (2012). *End this Depression Now!* New York: W. W. Norton.

Kume, I. (1998). *Disparaged Success: Labor Politics in Postwar Japan*, Ithaca, NY: Cornell University Press.

Lane, C. (1995). *Industry and Society in Europe, Stability and Change in Britain, Germany and France*, Aldershot/Brookfield, VT: Edward Elgar.

Lane, C. (2003), Changes in Corporate Governance of German Corporations: Convergence to the Anglo-American Model? *University of Cambridge, Centre for Business Research Working Paper Series, WP 259*, Cambridge: University of Cambridge.

Lazonick, W. & O'Sullivan, M. (2000). Maximizing Shareholder Value: A New Ideology for Corporate Governance, *Economy and Society*, 29(1): 13-35.

MacEwan, A. & Miller, J. (2018). The U.S. Economy: What's going on? *New Labor Forum*, 27(2): 36-47.

Magdoff, H. & Sweezy, P. M. (1977). The End of Prosperity: The American Economy in the 1970s, *Capital & Class*, 2(3):149-150.

Mazier, J., Basle, M. & Vidal, J.-F. (1999). *When Economic Crises Endure*, Armonk, NY: M. E. Sharpe.

Mintzberg, H., Simons, R. & Basu, K. (2002). Beyond Selfishness, *MIT Sloan Management Review*, 44(1): 67-74.

Möller, J. (2015). Did the German Model Survive the Labor Market Reforms? *Journal for Labour Market Research*, 48(2), 151-168.

Mulgan, A. G. (2002). *Japan's Failed Revolution: Koizumi and the Politics of Economic Reform*, Canberra: Asia Pacific Press.

Müller, T. & Schulten, T. (2014). Wages and Collective Bargaining during European Economic Crisis. Developments in the European Manufacturing Industry, European Trade Union: https://www.etui.org/publications/reports/wages-and-collective-bargaining-during-the-european-economic-crisis.

Noble, G. W. (2005). Front Door, Back Door: The Reform of Postal Savings and Loans in Japan. *The Japanese Economy*, 33(1): 107-123.

Noble, G. W. (2006). Koizumi and Neo-Liberal Economic Reform, *Social Science Japan*, 34: 6-9.

OECD (2015a). OECD Economic Surveys: http://www.keepeek.com/Digital-Asset-Management/oecd/economics/oecd-economic-surveys-japan-2015_eco_sur veys-jpn-2015-en#page22.

OECD (2015b). Relative Income Poverty, In: OECD Income Distribution Database: http://www.oecd.org/social/income-distribution-database.htm.

O'Mahony, M. & Timmer, M. P. (2009). Output, Input and Productivity Measures at the Industry Level: the EU KLEMS database, *The Economic Journal*, 119(538): F374-F403.

Paraskewopoulos, S. (2017). The German Model of "Social Market Economy", In: Bitros, G. C. & Kyriazis, N. C. (Eds.) *Democracy and an Open-Economy World Order*, Springer International Publishing.

Pohl, R. (2000). The Macroeconomics of Transformation: The Case of East Germany, *German Politics and Society*, 18(3): 48-93.

Rabie, M. (2018). The US Political and Economic Scene. In: *The Global Debt Crisis and Its Socioeconomic Implications*, Palgrave Macmillan Cham.

Roe, M. L. (2001). The Shareholder Wealth Maximization Norm and Industrial Organization, *University of Pennsylvania Law Review*, 149(6): 2063-2081.

Roehner, B. M. (2009). Triumph of Neoliberalism in Economics, In: Roehner, B. M. *Hidden Collective Factors in Speculative Trading: A Study in Analytical Economics*, Berlin/Heidelberg: Springer-Verlag.

Rosenberg, S. & Weisskopf, T. E. (1981). A Conflict Theory Approach to Inflation in the Postwar U.S. Economy, *American Economic Review*, 71(2): 42-47.

Ramo, J. C. (2004). *The Beijing Consensus*, London: Foreign Policy Centre.

Sako, M. (1997). Shunto, In: Sako, M. & Sato, H. (Eds.) *Japanese Labour and Management in Transition*, London: Routledge.

Samuels, R. J. (2003). Gunning for Reform, 2003-09-15, *Time Magazine*: https://cis.mit.edu/publications/op-eds/older/gunning-reform.

Scheiner, E. (2006). *Democracy without Competition in Japan: Opposition Failure in a One-Party Dominant State*, New York: Cambridge University Press.

Scott, B. R. (2011). The Transformation of US Capitalism and Democracy, 1965-2009, In: Scott, B. R. (Ed.) *Capitalism: Its Origins and Evolution as a System of Governance*, New York, NY: Springer.

Seewald, J. R. Jr, (1997). Reform within the Social-Market Economy: An Analysis of Current Labor Market Reforms in Germany and Predicted Repercussions on the Role of Trade Unions, *The George Washington Journal of International Law and Economics*, 31: 467.

Shishido, Z. (2004). Changes in Japanese Corporate Law and Governance: Revisiting the Convergence Debate, *Law and Economics Workshop*: http://repositories.cdlib.org/berkeley_law_econ/Fall2004/1/.

Siddiqui, K. (2015). Political Economy of Japan's Decades Long Economic Stagnation, *Equilibrium: Quarterly Journal of Economics and Economic Policy*, 10(4): 9-39.

Stiglitz, J. (2012). *The Price of Inequality*, London: Penguin Books.

Storm, S. & Naastepad, C. W. M. (2015). Crisis and Recovery in the German Economy: The Real Lessons, *Structural Change and Economic Dynamics*, 32:11-24.

Streeck, W. (1995). German Capitalism: Does It Exist? Can It Survive? *MPIfG Discussion Paper 95/5*, Köln: MaxPlanck-Institut für Gesellschaftsforschung .

Streeck, W. (2009). *Re-Forming Capitalism: Institutional Change in the German Political Economy*, Oxford: Oxford University Press.

Streeck, W. (2014). *Buying Time: The Delayed Crisis of Democratic Capitalism*, New York: Verso Books.

Takenaka, H. (2008). *The Structural Reforms of the Koizumi Cabinet: An Insider's Account of the Economic Revival of Japan*. Tokyo: Nikkei Publishing.

Thelen, K. (2003). How Institutions Evolve: Insights from Comparative-Historical Analysis, In: Mahoney, J. & Rueschemeyer, D. (Eds.) *Comparative-Historical Analysis in the Social Sciences*, Cambridge: Cambridge University Press.

Thelen, K. (2014). *Varieties of Liberalization and the New Politics of Social Solidarity*, Cambridge: Cambridge University Press.

Thelen, K. & van Wijnbergen, C. (2003). The Paradox of Gobalization: Labor Relations in Germany and Beyond, *Comparative Political Studies*, 36(8): 859-880.

Tilford, S. (2012). Has the Euro-Zone Reached the Limits of the Politically Possible? *CER Insight*, 2012-07-12.

Tylecote, A. (1992). *The Long Wave in the World Economy*, London: Routledge.

Ueda, K. (1995). Institutional and Regulatory Frameworks for the Main Bank System, In: Aoki, M. & Patrick, H. (Eds.) *The Japanese Main Bank System: Its Relevance for Developing and Transforming Economies*, New York: Oxford University Press.

Ueda, K. (2013). Response of Asset Prices to Monetary Policy under Abenomics, *Asian Economic Policy Review*, 8: 252-269.

Vitols, S. (2004). Changes in Germany's Bank-Based Financial System: A Varieties of Capitalism Perspective. *WZB Discussion Paper, SP II, 2004-03*, Berlin: Wissenschaftszentrum Berlin für Sozialforschung.

Weber, E. (2015). The Labour Market in Germany: Reforms, Recession and Robustness, *De Economist*, 163: 461-472.

Weidenbaum, M. (2003). *Business and Government in the Global Marketplace* (7th Ed.), Pearson.

Weinstein, D. & Yafeh, Y. (1995). Japan's Corporate Groups: Collusive or Competitive? An Empirical Investigation of Keiretsu Behavior, *Journal of Industrial Economics*, 43(4): 359-376.

Weyland, K. (1999). Neoliberal Populism in Latin America and Eastern Europe, *Comparative Politics*, 31(4): 379-401.

Williamson, J. (1990). What Washington Means by Policy Reform, In: Williamson, J. (Ed.) *Latin American Adjustment: How Much Has Happened?* Washington, DC: Peterson Institute for International Economics.

Wiesenthal, H. (1998). Post-Unification Dissatisfaction, or Why Are So Many East Germans Unhappy with the New Political System? *German Politics*, 7(2): 1-30.

Wiesenthal, H. (2003). German unification and "Model Germany": An Adventure in Institutional Conservatism, *West European Politics*, 26(4): 37-58.

Wynne, M. A. (1992). The Comparative Growth Performance of the U.S.

Economy in the Postwar Period, *Economic Review*, Dallas: Federal Reserve Bank of Dallas.

Yamada, T. & Hirano, Y. (2012). How Has the Japanese Mode of Regulation Changed? In: Boyer, R., Uemura, H. & Isogai, A. (Eds.) *Diversity and Transformations of Asian Capitalisms*, Abingdon and New York: Routledge.

Zhang, Y. & Feng, W. (2019). The China Miracle: Facts and Process, In: Zhang, Y. & Feng, W. *Peaceful Development Path in China*, Singapore: Springer.

Zhao, S. (2017). Whither the China Model: Revisiting the Debate, *Journal of Contemporary China*, 26: 1-17.

Zheng, Y. & Huang, Y. (2019). *Market in State: The Political Economy of Domination in China*, Cambridge, UK: Cambridge University Press.

後　記

　　這本書的寫作源自一個國家級的研究項目，主題是中國發展模式的獨特性，討論的內容涵蓋了政治、經濟、外交、社會、科技等多個領域。這個項目由鄭永年教授擔任項目總負責人，而我有幸參與其中，負責撰寫有關中國經濟發展模式的部分。研究工作從 2019 年初啟動，到如今準備付梓出版，整整五年過去了。

　　五年間，疫情之困兼喪父之痛，人事紛擾又逢時局變動，有太多的事情拖累了這本書的出版。而我也於 2023 年底離開了工作將近十年的華南理工大學公共政策研究院 (IPP)，進入廣東外語外貿大學工作。雖然這些困難都不足為外人道，但每次看到書稿，心底總有一絲慨歎，「節物同於前載，歡憂殊於曩日。扣沉思而多端，寄翰墨而何述。」儘管如此，還是想用有限的文字去記述一段有情歲月。

　　莫道明先生於 2012 年捐資創建了 IPP。在他的設想中，IPP 不同於一般的大學研究機構，它是一個智庫，使命是通過專業知識的力量推動中國公共政策制定和執行的優化。2014 年應聘 IPP 時，我遇見了鄭永年老師。我當時對智庫並沒有甚麼概念，還無法區分學術研究和政策研究，應聘的 PPT 上寫滿了數學公式。我當時也

不了解鄭老師在學術界的地位，因為我讀書時只關注經濟學裏邊很小的一塊領域。就這樣，我開始了我的政策研究工作。

和鄭老師共事之後，我逐漸打開了視野。他說，做為政府的決策者，他要管的事情很多，不會只從某個專業的視角去考慮問題，管理學、政治學、經濟學、國際關係，做領導的甚麼都要懂一點，做智庫也一樣。鄭老師是研究政治學出身，但他並沒有將自己局限於學科邊界之內，他對中西方的歷史、文化、哲學、社會、政治、經濟都充滿了興趣，兼收並蓄的知識儲備使他對事物的見解深邃而睿智。和他聊天總會有所收穫，他常常口若懸河，妙語連珠，這是無法通過閱讀媒體上的他和著作中的他感受到的。在他的影響下，我也發現了研究其他學科的樂趣，不斷通過閱讀擴充自己的知識面。

智庫工作有應對性質，思維要敏捷，寫東西要快。有點像寫新聞時評，但又要比時評有深度，有理論性。鄭老師說，做政策研究要保持對時事的敏感性。他早上起來的第一件事就是瀏覽新聞，追蹤最近發生的重大事件。這個習慣讓他知道的東西比我們這些年輕人還更加前沿。鄭老師往往出口成章，我的意思是，他常常口頭即興演講之後，把演講記錄修訂一下就成了文章，在大部分情況下，他寫文章的速度比我看他文章的速度還快。鄭老師在工作上的勤奮和激情令人印象深刻，我至今還無法跟上他的步伐。

掌握信息對政策研究工作來說很重要，信息從哪裏來？最重要的來源在政府部門。政府部門是公共政策實踐的最前沿，政策創新實踐發生在政府裏而非研究機構裏，研究者能做的只是總結和提煉政府的實踐。因此智庫要與政府頻繁互動，通過調研、座談、合作研究與政府形成密切的夥伴關係，否則研究出來的東西就會與實

際脫節。而這又要考驗着一個人的交際能力。鄭老師待人親和，談吐風趣，因此在政府官員當中很受歡迎。我多次跟隨鄭老師參加政府部門的會議和接待，得以目睹鄭老師觥籌交錯間談笑風生的交際風採。

IPP 的口號是「國際視野，中國情懷」。智庫都有鮮明的民族主義立場，鄭老師也有着很深的愛國情懷。他常說，中國是一個大國，不管怎麼樣變，中國不會變成西方，也不會變成美國，中國要走自己的道路。我讀書時學的是西方經濟學，到目前為止，經濟學的主流範式仍是西方的，或者更直接地說，是美國的。很大程度上，我們奉美國的經濟學理論為圭臬。但鄭老師認為中國應該有自己的經濟學，中國的經濟學就是和美國的、西方的不一樣。進一步地，中國要有自己的社會學、政治學、管理學，總之，就是要創建中國的自主知識體系。鄭老師一直以此為己任，而這也是這本書的核心要義。

我要感謝鄭永年老師和莫道明先生當初接納我成為 IPP 的一員，讓我能夠在一個高起點上開始我的研究生涯。與他們一起共事，我開闊了視野，提升了思考層次；做研究不再局限於純學術思維，更加關注現實問題，以及真實世界的運作方式；學會了突破學科邊界限制，多學科、多視角地思考問題；並對各種新問題、新知識保持敏感度及探索精神。所有這些都使我受益終身。每念及此，我都心存感激。

我還要感謝 IPP 的全體同仁，他們的友善、熱情和智慧伴我度過了愉快的時光。我們曾為辦好年度國際會議通宵達旦地工作，曾為高質量地完成研究項目而精誠協作，我們曾在十五樓的露台餐廳縱論天下大事，如切如磋，如琢如磨的場景令人懷念。十年來，有

人進入，有人離開，不管身在何處，沉澱下來的情義都會隨回憶而溫暖。

我常常想，如果沒有遇到那些人，經歷那些歲月，我又怎能看到如此廣闊的世界呢？

2024 年 1 月 27 日

譚銳寫於

中山大學石牌舊址